本书为兴义民族师范学院博士科研基金项目
本书出版获得兴义民族师范学院外国语言学及应用语言学学科建设经费资助

中国韩国语学习者的拟声拟态词教育研究

중국인 학습자를 위한 한국어 교육용 의성·의태어 연구

张 弛 / 著
易 超 ［韩］金禧秀 / 审校

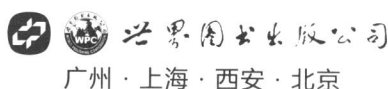

广州·上海·西安·北京

图书在版编目（CIP）数据

中国韩国语学习者的拟声拟态词教育研究/张弛著.—广州：世界图书出版广东有限公司，2020.5
ISBN 978-7-5192-7395-8

Ⅰ.①中… Ⅱ.①张… Ⅲ.①朝鲜语—象声词—教学研究 Ⅳ.①H559.34

中国版本图书馆CIP数据核字（2020）第047482号

书　　名	中国韩国语学习者的拟声拟态词教育研究 ZHONGGUO HANGUOYU XUEXIZHE DE NISHENG NITAICI JIAOYU YANJIU
著　　者	张　弛
审　　校	易　超　[韩]金禧秀
责任编辑	魏志华
装帧设计	苏　婷
责任技编	刘上锦
出版发行	世界图书出版广东有限公司
地　　址	广州市海珠区新港西路大江冲25号
邮　　编	510300
电　　话	020-84451969　84453623　84184026　84459579
网　　址	http://www.gdst.com.cn
邮　　箱	wpc_gdst@163.com
经　　销	各地新华书店
印　　刷	广州市迪桦彩印有限公司
开　　本	787 mm×1 092 mm　1/16
印　　张	11.75
字　　数	303千
版　　次	2020年5月第1版　2020年5月第1次印刷
国际书号	ISBN 978-7-5192-7395-8
定　　价	45.00元

版权所有　翻印必究
（如有印装错误，请与出版社联系）
咨询、投稿：020-34201910　weilai21@126.com

국문초록

중국인 학습자를 위한 한국어 교육용 의성·의태어 연구

본 연구는 한국어를 배우는 중국인 학습자를 위한 의성·의태어의 교육 방안을 마련하는 데 목적이 있다.

제1장에서는 연구 주제 선정의 이유를 밝히고 연구의 목적에 대해서 설명한다. 그리고 선행 연구 성과에 대한 검토를 통하여 의성·의태어에 관한 연구 들을 검토하고 이 연구의 지향점을 모색한다.

제2장에서는 교육용 의성·의태어를 선정하고 이를 교재화 하는 방안을 제시한다. 의성·의태어의 교육용 목록을 선정하는 절차는 3단계에 거쳐 진행된다. 첫째, 교육용 의성·의태어를 선정하기 위해서 한국 국내 6개 대학과 중국 1개 대학 기관의 한국어 교재에 제시된 의성·의태어를 조사하여, 2회 이상 출현된 의성·의태어를 추출하여 '한국어 교재 등재 목록'을 선정하였다. 둘째, 한국어능력시험에 출제된 모든 의성·의태어를 추출하여 'TOPIK 시험 출제 목록'을 선정하였다. 셋째, 김광해(2003)와 김한샘(2005)에서 제시한 어휘 목록 중에서 빈도수가 25개 이상인 의성·의태어를 추출하여 '빈도수에 따른 목록'을 만든다. 넷째, 위에 제시한 '한국어 교재 등재 목록', 'TOPIK 시험 출제 목록', '빈도수에 따른 목록'을 통합한 뒤 「표준국어대사전」에 없는 어휘를 제외한 후 최종적으로 223개의 의성·의태어 목록을 확정한다.

이어서 이 어휘들에 대해 한·중 번역 등가 상태의 구체적인 연구와 분류를 진행했다. 의성·의태어와 등가 번역 이론을 서로 결합시키고 조사 및 수집한 모든 의성·의태어를 네 종류의 번역 유형으로 나눴다. 또한 설문조사를 통해 네 종류의 번역 유형의 난이도를 결정했다. 번역 유형의 난이도는 한국어 교재를 편찬하고 교정할 때의 의성·의태어의 등급에 좌우된다. 번역 형식의 난이도 조사 결과를 이용하여 의성·의태어를 난이도에 따라 교재에 합리적으로 배치했다. 아울러 초급, 중급, 고급 각 단계의 구체적인 교재 설계 모형을 제시한다.

3장에서는 말뭉치를 이용하여 중급 및 고급 단계의 '영 등가', '일대다 등가' 어휘에 대해 연어 분석을 진행하고, 연어 관계 분석 결과를 토대로 연어 관계를 이용한 의성·의태어 교육 방안을 제시한다. 이때 교육 방안으로서 제시한 수업 모형은 기존의 PPP 모형을 수용하되, 학습자의 인지를 활성화할 수 있는 OHE 모형의 장점을 수용한 모형을 채택한다. 이어서 제시한 교육 방안의 유효성을 검증한다. 이를 위해 비슷한 수준의 학생들을 두 집단으로 나누어 전통 PPP 교수법과 본고에서 제안한 연어 교육 방안의 학습 효과를 비교 검증한다. 그리고 실험을 통하여 수집된 자료의 데이터를 분석하여, 본고에서 제 안한 교육 방안의 유효성을 검증한다.

실험 수업은 동질성이 확인된 실험 집단 15명, 통제 집단 15명으로 구성하여 실험을 진행한다. 실험 집단은 연어 관계를 이용해 의성·의태어 학습을 하며, 통제 집단은 개별 어휘의 의미와 형태를 중심으로 수업을 한다. 실험이 끝나고 2주 후에 각 집단의 사후 평가를 시행하는데, 이를 통해 연어 관계를 이용한 의성·의태어 교육이 장기적으로 효과가 지속되고 있는지 검증하였다. 그리고 실험을 통하여 수집된 자료의 데이터를 분석하여, 본고에서 제안한 교육 방안의 유효성을 입증하였다.

이 연구의 주요 성과에 대해서는 5가지 정도로 정리할 수 있다.

첫째, 기존 한국어 교재에 나타난 의성·의태어와 관련된 부분을 자세하게 분석했고, 중국인 학습자의 입장에서 이러한 교재들 가운데 존재하는 의성·의태어 교육의 문제점들을 분석했다. 앞으로 한국어 교재를 편찬할 때 참고할 수 있는 믿을 만한 기초 자료를 제공하였다.

둘째, 중국인 학습자의 입장에서부터 출발하여 의성·의태어 단어 선택에 대한 재 선별 과정을 진행했다. 이는 일상적인 한국어 교류에서뿐만 아니라 향후 진학 시험이나 한국어 업무 환경에서도 그 단어들이 충분히 응용되어 배운 것을 실전에 활용하고자 하는 목표를 달성하기 위함이다.

셋째, 중국인 학습자가 한국어 의성·의태어를 알아가는 과정에서의 난이도를 충분히 고려하여, 실증 방면의 테스트와 새로운 난이도 분석 방법인 '번역 등가 이론'을 이용하여 선정한 의성·의태어에 대해 난이도 분석을 진행했고 한국어 수업 각 단계에 합리적으로 분배했다.

넷째, 다수의 공인된 사전들을 자료로 활용하여 한국어 의성·의태어를 중국어로 번역했다. 의성·의태어는 사전에 나오지 않을 수 있기 때문에 한국에서 석사 이상의 학위를 취득한 중국인들을 대상으로 설문조사를 실시하여 그에 대한 중국어 번역을 결정했다. 이를 통해 연구의 신뢰도와 정확도를 향상 시킬 수 있었으며, 앞으로 한·중 의성·의태어 사전을 편찬할 때 이러한 방법들을 활용할 수 있을 것이다.

다섯째, 말뭉치를 이용해 중·고급 어휘에 대해 차례로 연어 조사를 진행했고, 여러 뜻을 가지고 있는 일부 어휘들 가운데 생소한 단어들을 배제시켜 학습자들이 배운 어휘를 충분히 실전에 활용할 수 있도록 했으며, 아울러 말뭉치 연어 목록을 제공했다.

본 연구를 통해 이상의 연구 성과들을 거둘 수 있었지만 향후 추가적으로 연구하고 해결할 필요가 있는 문제들도 아직 남아있다. 한·중 의성·의태어 사전을 편찬하기 위해서는 더 많은 의성·의태어와 말뭉치 자료들을 수집, 활용, 정리하는 과정이 필요하다. 그리고 한·중 언어 전문가들이 협력하여 의성·의태어의 중국어 번역을 표준화시켜야 한다.

ABSTRACT

A Study on Education of Korean Onomatopoeia and Mimetic Words for Chinese Learners

Taking the Chinese students who are learning Korean as the object, this paper designs a learning strategy which can help the Chinese students better use Korean onomatopoeia and mimetic words to make the education of onomatopoeia and mimetic words more effectively.

In Chapter One, this paper explains the reasons of topic selection and has a review on the previous studies, as well as points out the foothold of the study basing on the shortcomings of existing studies.

In Chapter Two, this paper selects the educational catalogue of onomatopoeia and mimetic words for Chinese learners and classifies the onomatopoeia and mimetic words in this catalogue according to the difficulty levels by using the translation equivalence theory. Then, the classified words are distributed respectively into different teaching materials of early, middle and advanced levels. teaching materials to design the specific teaching materials of all difficulty levels.

In Chapter Three, this paper has an investigation on the collocations of the onomatopoeia and mimetic words by using the "Zero Equivalence" and "One-to-many Equivalence" in the corpora and designs the teaching plan of collocation according to the investigation result which is designed on the basis of the traditional PPP and OHE education model. By maximum optimizing the advantages of these models, this chapter proves that the effectiveness of this plan by experiments that adopt the method of group teaching and compare the differences of the students' vocabulary and writing abilities. The result shows that compared with the traditional PPP teaching method, the collocation teaching method can more effectively motivate students' learning enthusiasm to more effectively promote the education of onomatopoeia and mimetic words.

In Chapter Four, this paper draws a conclusion of the study result and explains the shortcomings of this study and the subsequent studies that need to be supplemented as well.

The main results of this study are listed as follows:

First of all, this paper fully analysizes parts of onomatopoeia and mimetic words in Korean language teaching materials and point out the existing problems and puts forward some suggestions to these problems, which can provide reliable references for the compilation of Korean textbooks in the future.

Secondly, different from the existing studies, this paper selects the appropriate educational catalogue for Korean onomatopoeia and mimetic words, with the starting point of Chinese learners' stand.

Furthermore, this paper analyzes the difficulties of the selected onomatopoeia and mimetic words by using the translation equivalence theory and distributes them into different levels reasonably to facilitate students' study. Besides, the analyzed materialscan provide basic materials for the teaching in the future. Finally, this paper investgates on the collocation of Korean onomatopoeia and mimetic words by the corpora and designs specific educational and learning activities. The specific study result will play a substantial and positive role in the compilation of both Korean textbooks in China and Chinese textbooks in Korea.

목 차

1. 서 론 ··· 1
   1.1 연구의 목적과 필요성 ··································· 1
   1.2 선행연구의 검토 ·· 3
      1.2.1 국어학적 의성・의태어에 대한 연구 ··················· 4
      1.2.2 외국어로서의 한국어 의성・의태어 교육에 대한 연구 ···· 4
   1.3 연구 방법과 논의의 구성 ································ 8

2. 한국어 교재와 의성 의태어 ······························· 10
   2.1 한국어 교재에 나타난 의성・의태어 분석 ············ 10
   2.2 한국어 학습자와 교사의 요구 분석 ···················· 20
      2.2.1 조사의 대상과 방법 ···································· 20
      2.2.2 결과 분석 ·· 22
   2.3 의성・의태어의 교재화 방안 ····························· 29
      2.3.1 교육용 의성・의태어의 목록 선정 ···················· 29
      2.3.2 의성・의태어의 난이도 분석 ·························· 33
   2.4 한국어 교재의 설계 ·· 44
      2.4.1 한국어 교재의 의성・의태어 개선방안 ··············· 45
      2.4.2 교재의 단계별 단원 구성 ······························ 46

3. 의성·의태어의 교육 방안 ························· 77

   3.1 연어에 대한 연구 ····································· 78
      3.1.1 연어의 개념 ···································· 78
      3.1.2 연어 학습의 필요성 ···························· 80
   3.2 말뭉치를 통한 의성·의태어의 연어 분석 ················ 83
   3.3 연어 관계를 이용한 의성·의태어의 교수·학습 ········· 85
      3.3.1 교육 모형의 설정 ······························ 86
      3.3.2 연어 관계를 이용한 의성·의태어 교수·학습의 실제 ······ 89
   3.4 연어 관계를 이용한 의성·의태어 교육의 효과 검증 ······ 96
      3.4.1 실험 연구 대상의 선정 ························· 96
      3.4.2 실험 결과 분석 방법 ··························· 98
      3.4.3 실험 분석 결과 ································ 99

4. 결 론 ·· 104

<참고문헌> ·· 108
<부록 1> ·· 113
<부록 2> ·· 155
<부록 3> 요구조사-학습자용 설문지 ······················· 165
<부록 4> 요구조사-교사용 설문지 ························· 166
<부록 5> <시험 채점 방법> ································ 167
<부록 6> <어휘 능력 평가지> ······························ 168
<부록 7> <쓰기 능력 평가지> ······························ 170
<부록 8> <통제반 수업 절차 및 활동> ······················ 171
<부록 9> <실험 수업 설문지> ······························ 174
<부록 10> <난이도 조사> ·································· 175

1. 서론

1.1 연구의 목적과 필요성

본 연구는 한국어를 배우는 중국인 학습자를 위한 의성·의태어의 교육 방안을 마련하는 데 목적이 있다. 이를 위해 본고에서는 의성·의태어의 교재화 방안과 실제 교육 현장에서의 교수 방안을 체계화하여 제시하고자 한다. 첫째, 의성·의태어의 교재화 방안으로는 어떻게 교육용 의성·의태어를 선별해야 하고 이들을 어떻게 한국어 교재 안에 배치해야 하는가에 대한 문제를 살펴볼 것이다. 둘째, 의성·의태어의 교수 방안으로는 연어 관계를 이용한 교수법을 활용하는 과정 및 방법에 대해 상세하게 논의하고, 연어 관계를 이용한 의성·의태어 교수법의 효과를 실험을 통해 분석·검증할 것이다.

의성어나 의태어는 한국인 특유의 감정이나 느낌을 표현하는 유용한 수단이라는 점에서 그 효용성이 높다고 할 수 있다. 또한, 의성·의태어가 특정 상황이나 감정을 구체적이고 정확하게 표현할 때 사용된다는 점에서 학습자의 한국어 능력을 평가하는 데에 중요한 기준이 된다. 다음의 예를 보면 의성·의태어를 구사한 문장과 그렇지 않은 문장 간에 어떠한 차이가 있는지를 이해할 수 있을 것이다.

(1)

ㄱ. 그가 땀을 흘린다.
ㄱ'. 그가 땀을 <u>뻘뻘</u> 흘린다.
ㄴ. 쉬는 시간이 되자, 학생들이 떠들었다.
ㄴ'. 쉬는 시간이 되자, 학생들이 <u>와글와글</u> 떠들었다.
ㄷ. 부부 간에 서로 자기가 옳다고 말다툼하다.
ㄷ'. 부부 간에 서로 자기가 옳다고 <u>티격태격</u> 말다툼하다.

(1ㄱ,ㄴ,ㄷ)과 (1ㄱ',ㄴ',ㄷ')를 비교해 보면, 중심 내용을 전달함에는 차이

가 없지만, 의성·의태어를 사용한 (1ㄱ',ㄴ',ㄷ')의 표현이 좀 더 구체적이고 생동감이 있음을 알 수 있다. 이러한 점을 감안하면 의성·의태어를 얼마나 적절히 사용할 수 있는지는 중급 학습자와 고급 학습자를 나누는 데 있어서 매우 유용한 지표로 활용될 수 있을 것이다.

이처럼 의성·의태어는 표현의 정교함을 높이는 데 관여하기 때문에, 외국어로 한국어를 배우는 학습자들은 이를 이해하고 사용하는 데 어려움을 느낄 수밖에 없다. 고급 수준에 이른 학습자라 하더라도 의성·의태어를 문장 속에서 언제, 어떻게 쓰느냐를 파악하는 데 어려움을 겪는 경우가 많다. 다음 문장을 보자.

(2)
ㄱ. 반짝 세일
ㄴ. *반짝반짝 세일

의성·의태어에서 형태 반복은 자주 일어나는 현상인데,(2ㄴ)은 학습자가 이러한 형태 반복을 '센말-여린 말' 규칙으로만 분석해서 생긴 오류이다. 이러한 오류를 범한 학습자는 '반짝반짝'이 '반짝'보다 더 강하다는 사전 설명에만 주목했지, 실제 쓰임에서 '반짝 세일'만 나타난다는 사실을 파악하지 못한 것이다. 한국어에 대한 직관이 없는 외국인 학습자는 이런 오류를 피하기가 쉽지 않은 게 현실이다.

필자는 중국인으로서 한국어를 오래 학습해 왔는데 의성·의태어가 중국인학습자에게는 학습하기 어려우면서도 의사소통 능력을 향상시키기 위해서는 학습해야 하는 중요 어휘라고 생각하였다.

그동안 많은 학자들이 의성·의태어에 대해 연구하여 많은 성과를 거두었다. 하지만 그 연구 성과들을 외국어로서 한국어 교육에 활용하는 것에는 여러 방면에서 어려운 점이 있다. 그 이유 중 하나는, 수업에서 의성·의태어가 독립적으로 다뤄진 적이 없기 때문이다. 두 번째 이유는, 그동안 의성·의태어에 대한 연구는 주로 국어학적인 특징을 살펴보거나 다른 나라의 의성·의태어와 비교를 하는 데 그치고 있기 때문이다. 교수법을 제시한 경우에도 수준 별 목록을 제시하거나 등급에 대한 명시(가) 없는 단편적인 교수 방안 제시에 그치고 있다. 한 개의 의성·의태어가 구법 상에서의 표현 및 언어 사용 조건 등과 관련된 경우가 비교적 적고, 의성·의태어에 대한 정교한 묘사와 의성·의태어를 전문적으로 다루는 수업에 대한 연구와 토론도 부족하다. 이에 따라 그 연구 성과들은 수업에 직접적으로 응용되기 힘들다. 또한 의성어와 의태어는 문장의 다른 성분이나 품사에 비해 그 특징이 두드러진다는 점에서 별도의 교수법이 필요한 어휘이다(배현숙, 2006). 따라서 본고는 중국인 학습자의 한국어 능력을 향상시키기 위해서 의성·의태어에 대한 교육을 전문적이고 체계적으로 실시할 방안을 제시하고자 한다.

우리는 설문 조사를 통해 중국인 대학생이 의성어와 의태어를 학습하고 싶은 강한 바람이 있음을 알게 되었다. 또한 중국 대학의 재직 교수들도 의성어와 의태어 공부가 한국어 수준 향상에 큰 도움이 된다고 생각하고 있다. 하지만 현재 관련 전문 교재가 없어서 의성어와 의태어를 체계적으로 공부하기에 매우 어려운 상황이다. 효율적인 교육이 되려면 반드시 효율적인 교재가 필요하다. 교재는 교사와 학습자를 연결해 주는 기본적인 도구로써 학습 환경을 구성하는 핵심 요소가 되기 때문이다.

필자는 현존하는 한국어 교재에 등장하는 의성·의태어들을 정밀히 살펴봤다. 교재에 나오는 의성·의태어의 대부분은 본문을 선택하고 만들 때 부득이하게 튀어나온 것들이었고, 수업 내용과 관련을 맺고 의도적으로 교재에 삽입된 것이 아니었다. 의성·의태어의 용법에 대한 본문 해설 및 연습 부분도 거의 없었다. 일부 교재에 의성·의태어에 대한 전문적인 수업 내용이 있지만, 단지 표면적으로 짧게 다루기만 할 뿐이며 다른 일반적인 품사같이 체계적으로 편성된 것이 아니기 때문에 무질서하게 배치되어 있었다. 의성·의태어가 수업에서 중요하게 다뤄지지 않지만, 의성·의태어는 한국어에 존재하는 일종의 실제적인 언어 현상으로서 실생활에서 자주 사용되기 때문에 학습자는 일정한 의성·의태어들의 뜻과 용법을 이해하고 파악할 필요가 있다. 그러나 관련 참고 자료의 부족으로 인해서 학습자는 의성·의태어의 뜻과 용법을 이해하기 힘들고, 때로는 오용되는 경우도 발생한다.

이상에서 이 연구의 목적과 필요성을 다시 확인할 수 있다. 그러면 본 연구에서는 이러한 부분에 초점을 맞추어 중국인 한국어 학습자를 대상으로 기존의 연구에서 나타난 문제점을 극복할 수 있는 효율적인 의성·의태어 교육 방법을 제시하고자 한다.

1.2 선행연구의 검토

본 연구에서는 한국어를 공부하는 중국인을 위해서 번역 등가 이론을 활용하여 한국어 의성·의태어를 난이도에 따라 분류했으며, 등급에 따라 한국어 교재에 의성 의태어를 배치하는 방법에 대한 이론적 근거를 제공한다. 번역을 활용한 한국어 의성·의태어의 교재화에 대해 논의한 선행 연구는 찾아보기 어렵다. 이 절에서는 본 연구의 주제와 밀접한 연관성을 보이는 선행연구들을 조사하여 다음과 같이 두 가지 범주로 나누어 검토하고자 한다.

1.2.1 국어학적 의성·의태어에 대한 연구

한국어 의성·의태어에 대한 국어학적 연구는 의성어·의태어의 개념과 범위, 의성어·의태어에 대한 음운론적 측면에 대한 연구와 형태론적 측면에 대한 연구로 살펴볼 수 있다.

첫째, 한국어 의성·의태어의 개념과 범위에 대한 연구로는 윤희원(1993), 박동근(1994), 이문규(1996), 신중진(1998) 등이 있다. 이들은 의성·의태어의 범위를 포함하여 음운, 형태, 통사, 의미 등의 관점에서 의성·의태어라는 용어가 명확한 정의 없이 쓰여 왔다는 점을 지적하고 몇 가지 논의를 통해 의성·의태어에 대한 체계적이고 분명한 정의를 내렸다.

둘째, 한국어 의성·의태어의 음운론적 측면에 대한 연구에는 정인승(1938), 이숭녕(1954), 남풍현(1965), 강헌규(1968), 박창원(1993), 김인화(1995), 신중신(1998) 등이 있다.

셋째, 한국어 의성·의태어의 형태론적 측면에 대한 연구는 남풍현(1969), 최호철(1985), 채완(1986), 인건식(1987), 박동근(1992), 서상규(1993) 등 많은 연구자들에 의해 이루어져 왔다.

1.2.2 외국어로서의 한국어 의성·의태어 교육에 대한 연구

최근 몇 년 동안 의성·의태어 교육에 관한 논문들이 갈수록 많이 발표되어 왔다. 그 논문들을 두 가지 유형으로 구분할 수 있다. 하나는 대조언어학 측면의 연구이고 다른 하나는 교육 방안 측면의 연구이다.

우선, 대조 언어학 측면의 연구에는 김옥사나(2011)의 러시아권 학습자를 위한 연구, 김기선(2009)의 몽골어와의 비교 연구, 이기웅(2008)의 일본어와의 비교 및 의성·의태어 교육 방법 연구 등의 논문들이 있다. 그리고 외국인 학습자를 대상으로 연구한 본 논문과 관련하여 정순매(2005), 조창규(2005), 왕미자(2008), 왕슈에(2011), 장학련(2012), 이효홍(2014) 등의 논문들이 있다.

조창규(2005)에서 여러 논문들을 분석하고 한국어 사전을 참고하여 404개의 의성·의태어들이 포함된 목록을 만들었다. 그리고 이 목록을 만들 때 의성·의태어의 활용도도 중요하게 고려되었다. 그리고 모든 외국인 학습자들에게 적용될 수 있도록 수준에 따라 구분한 의성·의태어 목록도 제시하였다. 이와 더불어 각 수준에 맞는 의성·의태어 교육 내용과 체계적인 의성·의태어 교육 절차를 제시하였다.

정순매(2005)는 우선 한국과 중국의 의성·의태어에 대해 비교 분석을 진행하였고 선행연구에서의 인간 행위와 관련된 한국과 중국의 의성·의태어에 대해서도 비교 분석을 하였다. 그리고 그 결과에 따라 초급과 중·상급으로 등급을 매김으로써 학습단계에 따른 등급화 기준을 제시했다. 하지만 연구 범위가 인간 행위에 관련된 의성·의태어에만 국한되었다는 한계점도 가지고 있다.

왕미자(2008)는 학생들이 중·고급 단계에서 많은 의성·의태어를 처음으로 접하게 되면 많은 부담을 느낄 수 있기 때문에 초급 단계부터 의성·의태어를 교육할 필요가 있다고 주장했다. 중국어권 학습자가 한국어 의성·의태어를 초급 단계에서부터 학습해야 한다는 점에는 필자도 동의한다. 왕미자는 먼저 한국과 중국의 의성·의태어를 비교한 후, 서울대학교 언어교육원에서 출판한<한국어>, 중국과 한국의 25개 대학교들이 공동으로 편찬한 <표준 한국어>, 베이징대학교에서 출판한 <한국어>와 어휘 분석 관련 선행연구로부터 의성·의태어 목록을 선정했다. 그리고 서울대학교 언어교육원의 <한국어>에서 나눈 초·중·고급 학습단계를 그대로 적용하여 선정한 의성·의태어들을 등급화 시켰다.

왕슈에(2011)는 고급 단계의 중국어권 학습자에 초점을 맞춰 세 가지 방면의 한국어 의성·의태어 목록을 선정했다. 첫 번째는 일상생활 관련 의성·의태어로서 교재, 한국어능력시험(TOPIK), 연변대 의성·의태어 사전을 참고했다. 두 번째는 동물 및 물체와 관련된 의성·의태어이고, 세 번째는 사물과 관련된 의성·의태어이다. 왕슈에는 초급 단계의 학습자는 습득한 어휘량이 제한적이고 표현 능력도 부족하기 때문에 초급 단계의 학습자에게 의성·의태어를 가르치는 것을 부정적으로 바라봤다. 또한 초·중급 단계에서 배우는 문장들에 의성·의태어가 거의 나오지 않기 때문에 이 단계에서의 의성·의태어 교육은 큰 효과가 없다고 주장했다.

유흔(2011)은 결혼이민자인 중국인 여성을 대상으로 삼아 한국과 중국의 의성·의태어의 형태와 구조에 대해 비교 분석을 진행했다. 하지만 의성·의태어 선정 기준으로 박미정(2008)이 다문화 가정 아동의 독서 지도를 위해 나눈 도서 목록을 그대로 사용했다.

장학련(2012)의 연구 방법도 기타 선행연구들과 비슷하다. 교재, 한국어능력시험, 선행연구로부터 의성·의태어 목록을 선정했고, 김광해(2003)가 제시한 한국어 학습 등급 및 한국어능력시험 등급에 따라 초·중·고급으로 등급을 나눴다. 하지만 기존의 선행연구 및 한국어능력시험의 등급을 그대로 사용하였기 때문에 그에 따른 한계가 존재한다.

이효홍(2014)은 한국과 중국의 의성어와 의태어를 자연계와 사물을 중심으로 두 언어의 형태, 의미 특징을 구체적으로 분석하고 공통점과 차이점을 살펴보았다. 그러나 연구대상을 한정적으로 다루어서 의성어와 의태어의 여러면을 다루지 못한 아쉬운 점도 있다.

위의 내용에서 볼 수 있듯이 여러 선행연구들 대부분이 선행연구, 교재, 한국어능력시험 등에서 이미 나눈 등급에 따라 교육용 한국어 의성·의태어를 선정하고 연구를 진행했다. 하지만 교재나 한국어능력시험에서 학습단계에 따라 등급을 나눈 목적은 체계성을 마련하기 위함이기 때문에 그 등급 기준에 의존한다면 가치 있는 연구 성과를 얻기 힘들다. 한편, 학습자 설문조사를 실시한 선행연구도 있지만 설문결과가 주장의 근거가 되기에는 부족한 점이 있었다.

다음으로, 교육방안 방면의 연구로는 서단(2004), 강경희(2009), 안유진(2010), 이경은·최희정(2011), 이란희(2012) 등의 논문들이 있다.

서단(2004)는 중국인 한국어 학습자를 위한 한국어 의성·의태어 교육 목록을 제시하고 간단하게 여러 가지 의성·의태어 교육 방법을 제안하였지만 구체적인 지도안은 제시하지는 않았다.

강경희(2009)는 의성어와 의태어의 공통적인 특징과 차이점 그리고 의성어와 의태어를 하위 분류하고 설문 조사(를) 중심으로 의성·의태어의 목록을 선정 하고 구체적인 교육 방안까지 제시하였다. 그러나 실제 모형을 수업에 적용하여 학습자의 만족도나 이해도를 구체적인 결과로 제시하지 못한 것이 아쉬움으로 남는다.

안유진(2010)는 한국어 의성·의태어를 음성상징에 따른 교육 내용, 반복 형태에 따른 교육 내용, 파생어에 따른 교육 내용, 연어를 통한 교육 내용으로 구분하여 구성하였다. 그리고 의성·의태어 교육에서 만화, 전래동화, 신문 기사 제목, 광고 등의 실제 자료를 이용하여 의성·의태어 교육을 할 수 있는 실제적인 방안을 제시하였다. 그러나 앞에서 언급한 것과 같이 고급 학습자를 대상으

1. 서론

로만 어휘 목록을 선정하고 교육방안을 제시한 것은 아쉬운 점이라고 할 수 있다.

이경은·최희정(2011)은 외국인 학습자들이 만화를 통해 재미있고 더 쉽게 한국어 의성·의태어에 접근할 수 있는 방안을 모색하였다. 대부분의 한국어 교육과정에서는 의성어와 의태어를 중급 이상의 단계에서 제시하고 있지만, 만화를 활용하여 제시한다면 초급 단계에서부터 학습이 가능하다고 하였다. 이 연구에서는 만화책은 한국어의 의성어와 의태어에 관심이 있는 초급, 중급 단계의 학습자들이 혼자서 재미있게 볼 수 있는 책이라고 하지만 의성어와 의태어의 분류에 대한 기준이 분명하지 않다.

이란희(2012)는 한국어 의태어를 중심으로 만화, 신문 기사 표제어, 동화 등의 매체를 사용하여 한국어 학습자에게 실제 수업에서 사용할 수 있는 교(육)안과 교육 자료를 제시하였다.

그 외의 교육 방안 방면의 연구로서 신지영(2008), 김윤경(2009), 함윤희(2011) 등 연어를 활용한 수업과 관련된 논문들도 있다.

함윤희(2011)는 우선 말뭉치 기반 사전 및 어휘 빈도 조사 목록으로부터 82개의 상징부사들을 선정했다. 그 상징부사 목록을 활용하여 상징부사 중심의 연어 목록을 만들었다. 그리고 한국어 교재와 한국어능력시험을 분석하여 현재 한국어 교육의 문제점들을 지적하였다. 그 문제점들로는 고급 단계에 초점을 맞춰 교육이 진행된다는 점, 현재 연어 교육의 문제점으로서 각 자료들의 상징부사의 내용과 수가 상이하다는 점, 형태적인 특징만 중요시하는 수업 등이 있다. 이 연구는 상징부사를 기반으로연어목록을 활용하는 교육을 제시했다는 점에서 의의가 있지만 구체적인 교육 방안이 제시되지는 않았다.

이상에서 살펴본 바와 같이 지금까지 이루어진 선행연구는 한국어 학습자들을 대상으로 직접 조사. 실험하여 의성·의태어 교육이 필요함을 증명하였고 의성·의태어에 대해 어떻게 가르쳐야 하는지에 초점을 두기는 했지만 정작 무엇을 어떻게 가르쳐야 하는지 그 구체적인 교육내용에 관한 논의는 이루어 지지 않았다. 한국어교육에서 의성·의태어와 관련한 연구는 교육용 어휘 목록이나 교육 방안을 제시하는 데 집중되었다. 이들 연구에서는 의성·의태어교육 방안으로 등급 한정 어휘 교육 방법, 어휘 특성에 따른 교육 방법, 실제 자료를 이용한 교육 방법 등 다양한 교육 방법을 제안한 바 있지만, 연어 관계를 이용한 교육 방안을 구체화한 연구는 부족했다. 의성·의태어 결합형 연어에 대한 연구는 의미적 공기 현상 및 선택 제약 현상을 설명하는 차원에서 진행되었다. 그렇지만 이러한 분석 결과를 한국어 어휘교육 방안으로 연결지어 구체화하지는 않았다.

한국어를 배우는 외국인 학습자들에게 의성·의태어를 체계적으로 교육할수 있는 방법론이 필요하다. 특히 중·고급 학습자는 상황과 맥락에 맞는 자연스러운 한국어 문장으로 자신의 생각과 느낌을 구체적이고 정확하게 표현하는 능력을 키워야 하는 단계인 만큼, 다양한 측면에서 이들을 위한 의성·의태어 교육 방법론을 모색할 필요가 있다.

본 연구에서는 중국인 학습자가 학습하기에 알맞은 의성·의태어를 선정하기 위해 번역 등가 이론을 이용하여 난이도 분석을 했으며, 이를 통해 중국인 학습자용 의성·의태어 223개를 선정하였다. 또한 이 단어들을 한국어 교재 안에 합리적으로 배치하고 초급, 중급, 고급 한국어 교재의 설계모형을 제시함으로써, 학습자가 초급 단계에서 고급 단계까지 순차적으로 학습하는 과정 중에 의성·의태어에 대해 체계적으로 배울 수 있도록 도움을 주고자 한다. 그리고 말뭉치 분석을 통해 의성·의태어의 연어 관계를 살펴보았다. 이러한 분석결과를 토대로 의성·의태어 교육 방안을 마련하였고, 이를 실제 수업에 적용한 후 학생들의 학습 효과와 학업성취도를 비교 분석하여 본고에서 제시한 교육 방안의 효과를 검증하였다.

1.3 연구 방법과 논의의 구성

먼저 제1장에서는 연구 주제 선정의 이유를 밝히고 연구의 목적에 대해서 설명하고자 한다. 또한, 이 연구 방법에 대해서도 간략하게 언급할 것이다. 이어서 선행 연구 성과에 대한 검토를 통하여 의성·의태어에 관한 연구들을 검토하고 이 연구의 지향점을 모색하고자 한다.

제2장에서는 교육용 의성·의태어를 선정하고 이를 교재화하는 방안을 설계하는 단계이다. 먼저 중국인 학습자를 위한 한국어 의성·의태어의 교육용 목록을 선정한다. 선정 절차는 3단계에 걸쳐 진행된다. 첫째, 교육용 의성·의태어를 선정하기 위해서 한국 국내 6개 대학과 중국 1개 대학 기관의 한국어 교재에 제시된 의성·의태어를 조사하고, 2회 이상 출현된 의성·의태어를 추출하여 '한국어 교재 등재 목록'을 선정하였다. 둘째, 한국어능력시험에 출제된 모든 의성·의태어를 선정하고 'TOPIK 시험 출제 목록'을 선정하였다. 셋째, 김광해(2003)와 김한샘(2005)에서 제시한 어휘 목록 중에서 빈도수가 25개 이상인 의성·의태어를 추출하여 '빈도수에 따른 목록'을 만든다. 넷째, 위에 제시한 '한국어 교재 등재 목록', 'TOPIK 시험 출제 목록', '빈도수에 따른 목록'

을 통합한 목록에서 「표준국어대사전」에 없는 어휘를 제외한 후 최종적으로 223개의 의성·의태어 목록을 확정한다. 이어서 이 어휘들에 대해 한·중 번역 등가 상태의 구체적인 연구와 분류를 진행했다. 의성·의태어와 등가 번역 이론을 서로 결합시키고 조사 및 수집한 모든 의성·의태어를 네 종류의 번역 유형으로 나눴다. 또한 설문조사를 통해 네 종류의 번역 유형의 난이도를 결정했다. 번역 유형의 난이도는 한국어 교재를 편찬하고 교정할 때의 의성·의태어의 등급에 좌우된다. 번역 형식의 난이도 조사 결과를 이용하여 의성·의태어를 난이도에 따라 교재에 합리적으로 배치했다. 아울러 초급, 중급, 고급 각 단계의 구체적인 교재 설계 모형을 제시한다.

3장에서는 먼저 말뭉치를 이용하여 적합한 중급 및 고급 단계의 '영 등가', '일대다 등가' 어휘에 대해 연어 분석을 진행했다. 살펴본 연어 관계 분석 결과를 토대로 연어 관계를 이용한 의성·의태어 교육 방안을 제시하고자 한다. 이때 교육 방안으로서 제시한 수업 모형은 기존의 PPP 모형을 수용하되, 학습자의 인지를 활성화할 수 있는 OHE 모형의 장점을 수용한 모형을 채택하고자 한다. 이는 강현화(2008)에서 주장하는 통합적 어휘 교육의 방법이다. 학습자는 문맥을 통한 덩어리의 학습을 통해 어휘 관계에 대한 지식을 얻게 되며 문맥 안에서 어휘에 대한 지식을 자연스럽게 학습하게 된다. 이어서 제시한 교육 방안의 유효성을 검증하고자 한다. 이를 위해 비슷한 수준의 학생들을 두 집단으로 나누어 전통 PPP 교수법과 본고에서 제안한 연어 교육 방안의 학습 효과를 비교 검증하고자 한다. 그리고 실험을 통하여 수집된 자료의 데이터를 분석하여, 본고에서 제안한 교육 방안의 유효성을 검증하고자 한다.

실험 수업은 동질성이 확인된 실험 집단 15명, 통제 집단 15명으로 구성하여 실험을 진행한다. 실험 집단은 연어 관계를 이용해 의성·의태어 학습을 하며, 통제 집단은 개별 어휘의 의미와 형태를 중심으로 수업을 한다. 실험이 끝나고 2주 후에 각 집단의 사후 평가를 시행하여 연어 관계를 이용한 지 2주가 경과한 뒤 장기 기억에 대한 사후 평가와 설문을 시행하여 연어 관계를 이용한 의성·의태어 교육이 장기적으로 효과가 지속되고 있는지 검증하고자 한다.

제4장에서는 본고의 결론 부분으로서 연구 내용을 요약하고 본 연구가 지니는 의의에 대해서 논하며, 본 연구가 안고 있는 문제점과 향후 과제를 제시하고자 한다.

2. 한국어 교재와 의성·의태어

2.1 한국어 교재에 나타난 의성·의태어 분석

교재는 한국어 교육에서 매우 중요한 요소 중의 하나로서 교수·학습 실태를 가장 잘 반영할 수 있는 자료이다. 또한 외국인 학습자들이 한국어 교육 현장에서 학습하는 교육 내용을 가장 객관적으로 파악할 수 있는 것도 교재이다. 대부분의 한국어 교육 기관에서는 교재를 중심으로 수업을 구성하므로 교재는 한국어 교수·학습 시 교재와 학습자를 이어주는 가장 중요한 요소라 할 수 있다. 조현용(2008)은 어휘 교육의 실태를 살펴보는 방법 중 하나는 한국어 교재를 분석해보는 것이라고 하였다. 따라서 본 장에서는 현재 대학 기관에서 사용하고 있는 한국어 교재 총 7종을 분석하여 각 기관별로 한국어 교재에서는 의성·의태어 교육이 어떻게 이루어지고 있는지 내용 제시 양상을 살펴보고자 한다. 그리고 기존 한국어 교재의 의성·의태어 교육 내용 검토를 통해 앞으로 한국어 의성·의태어 교육 내용의 보완점을 찾고자 한다.

분석 대상으로 삼은 한국어 교재는 대표적인 한국어 교육 기관에서 사용하며 초급부터 고급까지 출간된 교재를 중심으로 선정하였다. 구체적인 대상 교재는 <표 1>과 같다.

<표 1> 분석 대상 교재[1]

기관명	교재명	단계
경희대	[한국어]	초급1,2/ 중급1,2/ 고급 1,2
고려대	[재미있는 한국어]	1-6
서강대	[서강 한국어 뉴시리즈]	1-5

[1] 선정된 7종류의 한국어 교재 중에서 북경대학교의 「大學韓國語」만이 유일하게 중국에서 출간 되었으며, 한국어능력시험에 맞춰 초급부터 고급까지 단계별로 구성되어 있고 중국의 많은 대학교에서 이를 精讀 교재로 사용하고 있다. 나머지 6종은 한국에서 출판되었다.

2. 한국어 교재와 의성·의태어

기관명	교재명	단계
서울대	[한국어]	1-6
연세대	[연세한국어]	1-6
이화여대	[한국어]	초급I-고급II
북경대(北京大學)	[大學韓國語]	1-6

한국어 교재에서 제시하는 의성·의태어들은 실제로 한국인들이 자주 사용하는 의성·의태어들일 것이다. 각 교재에서 이 의성·의태어들을 어떠한 방식으로 제시하고 있는지 자세히 분석하고자 한다.

가. <경희대 교재>

경희대 교재는 고급I권 3과 언어 학습의 '음성 상징어(의성·의태어)' 부분에서 의성·의태어를 주 교육 내용으로 다루고 있다. 의성어와 의태어가 가지는 특징 중 하나로 자모 교체에 대하여 다음과 같이 설명하고 있다.

> 한국어에는 말 또는 말소리에서 느껴지는 독특한 느낌을 가진 말들이 있다. 같은 뜻을 가진 말이라도 음상(音相)의 차이로 들을 때의 느낌이 달라진다. 자음과 모음의 차이에 따라 느낌이 달라지게 되는 것이다. 대표적인 것이 의성어와 의태어이며, 이 밖에도 형용사와 부사 등에 많다. 자음의 경우에는 '예사소리<된소리<거센 소리'의 순서로 약하고 강한 느낌의 정도 차이가 생긴다. '졸졸<쫄쫄', '깜깜하다<캄캄하다' 등이 그 예이다. 모음의 경우에는, 양성 모음이 '작다, 밝다, 경쾌하다, 가볍다, 명랑하다, 얇다'의 느낌을, 음성 모음이 '크다, 어둡다, 둔하다, 음울하다, 두껍다'의 느낌을 표현한다. (경희대「한국어 고급I」, 2003)

그 후에는 '보글보글/부글부글', '알록달록/얼룩덜룩'과 같은 모음 교체형 의성·의태어를 제시하고 있고, 각각 사전적 뜻풀이를 보여주고 이를 바탕으로 큰 말과 작은 말을 구분하도록 한다. 다음은 교재에 등장하는 의성·의태어 목록이다.

<표 2> 경희대 한국어 교재에 나타난 의성·의태어 목록

한국어 교재	학습 단계	의성·의태어	개수
경희대 「한국어」	초급1	없음	0
	초급2	깜짝, 따르릉따르릉, 쉿, 아장아장, 쭉, 콜록콜록, 푹	7
	중급1	가득, 꼼꼼, 딱, 딱딱, 땡땡, 반짝반짝, 훨씬, 흠뻑	8
	중급2	꽁꽁, 꿀꺽, 쑥, 어훙	4
	고급1	개굴개굴, 깜빡, 꼬끼오, 꼬르륵, 꼬치꼬치, 달달, 데면데면, 보글보글, 부글부글, 부릉부릉, 북적, 산들산들, 술술, 썩, 알록달록, 얼룩덜룩, 우르르, 울고불고, 울긋불긋, 종알종알, 죽, 중얼중얼, 짝짝짝, 째깍째깍, 쨍그랑, 찌뿌드드, 차차, 칙칙폭폭, 콜록콜록, 쾅쾅, 쿨쿨, 팔짝팔짝, 확	33
	고급2	까칠까칠, 덜렁, 둥둥, 들썩, 똘똘, 모락모락, 물끄러미, 부쩍, 아삭아삭, 아우성, 웅성웅성, 차근차근, 허겁지겁	13

나. <고려대 교재>

고려대의 [재미있는 한국어]는 다른 교재에 비해 의성·의태어의 제시 수가 많고 고급 단계에서 의성·의태어가 대폭 증가함을 알 수 있다. 교재에서는 5권 6과 '생활 속 과학' 부분에서는 다음 보는 바와 같이 의성·의태어의 개념 과 의성·의태어의 발음에 대한 특징을 설명하고 있다.

> 한국어에는 '보글보글', '반짝반짝'처럼 소리나 모양을 생생하게 나타낼 때 사용하 는 표현(의성·의태어)이 있는데, 같은 말이 두 번 반복하는 경우가 많다. 이 때 반 복되는 두 말의 중간 부분을 길게 발음함으로써 그 정도가 심하다 는 것을 나타낼 수 있다. (고려대「재미있는 한국어5」, 2010)

'어휘 늘리기' 부분 에서는 해당 단원에서 등장한 주제로 과학 현상을 설명 할 때 사용되는 의성어와 의태어에는 어떤 것들이 있는지에 대해서 묻고 있으며 다음과 같은 예문을 제시한다.

> 예문: 가: 물이 끓는 것을 어떻게 알아요?
> 나: 보통은 보글보글 끓는 소리로 알지요.

2. 한국어 교재와 의성·의태어

이와 같은 식으로 '둥둥', '덜덜', '주렁주렁' 등으로 쓰인 예문만을 제시하고 있고 의성·의태어에 대한 의미는 풀이되어 있지 않는데다가 어떤 상황에서 어떻게 사용하는지에 대한 설명은 없기 때문에 교사가 학습자들에게 이에 대 해서 따로 설명해줄 필요가 있다고 본다. 다음은 교재에 등장하는 의성·의태어 목록이다.

<표 3> 고려대 한국어 교재에 나타난 의성·의태어 목록

한국어 교재	학습 단계	의성·의태어	개수
고려대 「재미있는 한국어」	1	푹	1
	2	꽉, 점점, 쭉, 퉁, 활짝	5
	3	깜빡, 꼼꼼, 또박또박, 술술, 털털, 펑펑	6
	4	가물가물, 꼬박, 꼬치꼬치, 꼼짝, 끈적끈적, 끙끙, 똘똘, 물씬, 부랴부랴, 삐걱, 새록새록, 시끌벅적, 쏠쏠, 씩씩, 아기자기, 어정쩡, 찍찍, 차근차근, 착, 캄캄, 콩닥콩닥, 탁탁, 푹석푹석, 푹, 푹푹, 훌쩍	26
	5	가득, 꿈틀, 끄덕, 당당, 덜덜, 덜컥, 두근두근, 둥둥, 뒤죽박죽, 들락날락, 뭉뚝, 반짝반짝, 발갛, 번쩍, 보글, 부쩍, 붉으락푸르락, 붕, 쉿, 싱글벙글, 쌀쌀, 쏘삿 쏘삭, 알뜰알뜰, 엎치락뒤치락, 오뚝, 오락가락, 오르락 내리락, 오톨오톨, 옴쭉, 주렁주렁, 쪽, 찌뿌드드, 축, 크크, 탁, 펄펄, 하하, 화끈, 흥청망청	39
	6	가뜩, 갸웃, 고래고래, 곰곰, 굽신굽신, 그득, 깜짝, 껄껄, 꼭, 꾸벅, 꾸벅꾸벅, 꾹, 꾹꾹, 끌꺽, 끔뻑, 끽, 나풀나풀, 담뿍, 두근, 둥실둥실, 딱, 딱딱, 땅땅, 뚝뚝, 멈칫, 무럭, 문득, 물끄러미, 물컥물컥, 바짝, 반짝, 번쩍번쩍, 벌떡, 복슬복슬, 부르르, 빙글빙글, 뽕뽕, 샐쭉, 선뜻, 수군수군, 슬쩍, 싹, 썩, 아득, 언뜻언뜻, 엉, 엉금엉금, 에그머니, 오소소, 옹기종기, 울렁울렁, 울퉁불퉁, 웩, 으쓱으쓱, 으적으적, 졸래졸래, 주억, 주춤, 지긋지긋, 지끈, 쩌렁쩌렁, 쩍쩍, 찡, 차차, 척척, 철벙철벙, 콩닥, 쾅, 쿡, 쿡쿡, 털썩, 텅, 톡톡, 톡, 퉁퉁, 퉤, 파릇파릇, 퍽, 펑, 허둥지둥, 헐떡헐떡, 후딱, 휘청	82

다. <서강대 교재>

서강대 교재는 5B 2과 '전래동화'에서 의성·의태어에 대해서 중점적으로 교육하고 있다. 준비 단계로 앞에서 다룬 '흥부와 놀부' 이야기를 예문으로 들어서 두 문장의 차이를 생각해보도록 했다.

① 놀부는 제비 다리를 잡았어요.
② 놀부는 제비 다리를 꽉 잡았어요.

'꽉'을 사용한 문장과 이를 사용하지 않은 문장을 비교함으로써 의성·의태어 사용으로 인해 어떠한 의미 차이가 생기는지 알아 볼 수 있도록 해주고 있다. 그리고 교재에서는 다음과 같은 의성·의태어 카드를 설정하고 있다.

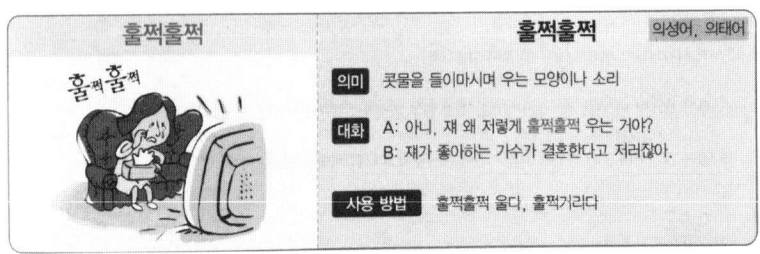

위에서 보는 바와 같이 의성·의태어 카드에서 어휘의 의미와 대화문을 제시하여 어휘 결합 정보까지 함께 지시하고 있다. 이러한 의성·의태어 카드는 총 12개가 제공되어 있다.

서강대 교재는 의성·의태어의 제시 수가 적은 편인 것이 단점이라고 할 수 있지만 다른 교재들에 비해 비교적 구체적인 정보를 의성·의태어 교육 내용으로 다루고 있다. 다음은 교재에 등재하는 의성·의태어 목록이다.

<표 4> 서강대 한국어 교재에 나타난 의성·의태어 목록

한국어 교재	학습 단계	의성·의태어	개수
서강대 「서강 한국어 뉴 시리즈」	1A/B	푹	1
	2A/B	깜짝, 쭉	2
	3A/B	깜빡, 엉엉	2
	4A/B	깜깜, 꽁꽁, 끄덕끄덕, 또박또박, 뚝, 반짝반짝, 버럭, 쏙, 쑥, 툭, 확, 흥청망청	12
	5A/B	개굴개굴, 곰곰, 구불구불, 깜박, 꼬꼬댁, 꼬르륵, 꼼꼼, 꽉, 꾸벅꾸벅, 꾹, 꿀꿀, 끄덕, 따르릉, 딱, 또각또각, 똑똑, 멍멍, 번쩍, 벌떡, 벌벌, 벌컥벌컥, 빙빙, 뻘뻘, 살금살금, 야옹, 어흥, 울퉁불퉁, 웅성웅성, 중얼중얼, 찡, 쾅, 쿨쿨, 쿵, 쿵쿵, 펑펑, 하하, 활짝, 훌쩍, 훌쩍, 훨훨	40

라. <서울대 교재>

서울대 교재에서는 5권에서 보충 어휘 부분에서 의성·의태어에 대해서 다루고 있다. 의성·의태어를 구분하여 제시하고 있는데 의성어는 39쪽에서 제시하고 있으며, 의태어는 65쪽에서 제시하고 있다.

> 의성어: 의성어는 소리를 흉내 내어 표현한 말입니다. 의성어로 여러 가지 소리를 좀 더 구체적으로 재미있게 표현하도록 합시다.
> 소곤소곤거리다/하다
> 남이 알아듣지 못하도록 작은 목소리로 가만가만 이야기하는 소리. 훌쩍훌쩍거리다/하다
> 콧물을 들이 마시며 조금씩 우는 소리. (서울대「한국어」, 2012)

위에서 보는 바와 같이 서울대 교재에서는 의성어의 정의와 의미 정보만 제시하고 있다. 이들에 대한 추가 예문이나 명시적인 어휘 정보는 제시되어 있지 않다. 다음은 교재에 등재하는 의성·의태어 목록이다.

<표 5> 서울대 한국어 교재에 나타난 의성·의태어 목록

한국어 교재	학습 단계	의성·의태어	개수
서울대 「한국어」	1	쭉, 푹	2
	2	깜빡, 꼼꼼, 뚱뚱	3
	3	그럭저럭, 깜짝, 꽁꽁, 꽉, 꽤, 끄덕, 두근, 딱, 딱딱, 뚝, 막, 바삭, 벌떡, 살짝, 쌀쌀, 울퉁불퉁, 윙, 이리저리, 점점, 쫙, 쯧쯧, 출출, 통, 퉁퉁, 홱	25
	4	구불구불, 굽실, 깡충깡충, 따끔, 뜨끈뜨끈, 문득, 버럭, 빙빙, 뻣뻣, 뼁, 슬근슬근, 싹, 아슬아슬, 앙앙, 얼떨떨, 우왕좌왕, 주렁주렁, 지지배배, 쫙, 터덜터덜, 하하, 활짝, 훨훨	23
	5	꾸벅꾸벅, 달그락달그락, 두근두근, 뒤죽박죽, 뚜벅뚜벅, 바짝바짝, 반짝반짝, 벌컥, 부스스, 불쑥, 뾰족, 사각사각, 살금살금, 소곤소곤, 싱글벙글, 우당탕, 콜록콜록, 쿨쿨, 투덜투덜, 허둥지둥, 헐렁헐렁, 화끈화끈, 훌쩍훌쩍, 힐끗힐끗	24

한국어 교재	학습 단계	의성·의태어	개수
서울대 「한국어」	6	갈래갈래, 걀걀, 고래고래, 까칠까칠, 깜박깜박, 껑충껑충, 꼬르륵꼬르륵, 끙끙, 덜컥, 도란도란, 두런두런, 따끔따끔, 말똥말똥, 말랑말랑, 멀뚱멀뚱, 물렁물렁, 미끌미끌, 바삭바삭, 번쩍번쩍, 벌벌, 보글보글, 빤히, 선뜩선뜩, 술술, 슬슬, 아삭아삭, 알록달록, 얼룩덜룩, 왈칵, 우물쭈물, 우수수, 조마조마, 졸졸, 줄줄, 지끈, 질질, 짭짤, 쫄깃쫄깃, 찝찔, 찰싹찰싹, 철썩철썩, 촉촉, 털썩, 텅, 꽉꽉, 팔짝팔짝, 펄쩍, 펄쩍펄쩍, 펑펑, 푹푹, 허겁지겁, 확, 후루룩후루룩, 훌쩍, 훌훌, 흠뻑	56

마. <연세대 교재>

연세대의 [연세 한국어]는 4권 4과 '현대 한국의 문화' 단원의 뒤 '문화' 부분에서 '한국의 말맛: 아 다르고 어 다르다' 라는 제목으로 의성·의태어에 대해서 다루고 있다. 여기서는 모음 교체에 의해 어감의 차이가 발생할 수 있음을 언급하여, '출렁출렁' 과 '찰랑찰랑' 을 예로 들었는데, 의성·의태어는 모음 교체를 통해 다양한 느낌을 전달할 수 있다고 설명했다. 연습 활동에서는 신문에 나타나는 의성·의태어를 찾아보는 활동이 제시되고 의성·의태어의 의미를 추측하게 하였다. 그런데 연세대 교재에서는 제시된 의성·의태어의 구체적인 의미와 사용 정보에 대해서 제시하지 않고 의성·의태어를 소개하는 정도에 머무르고 있다. 다음은 교재에 등장하는 의성·의태어 목록이다.

<표 6> 연세대 한국어 교재에 나타난 의성·의태어 목록

한국어 교재	학습 단계	의성·의태어	개수
연세대 [연세 한국어]	1	없음	0
	2	깜빡, 점점, 쭉, 칙칙폭폭, 푹	5
	3	꼼꼼, 다닥다닥, 땡땡, 슬슬, 쩔쩔, 확	6
	4	덜렁, 부스럭, 솔솔, 쌀쌀, 찰랑찰랑, 출렁출렁	6
	5	들썩, 부쩍, 빡빡, 시끌벅적, 엉엉, 웅성웅성, 차곡차곡	7
	6	없음	0

바. <이화여대 교재>

이화여대의 교재 [한국어]에서 제시되는 의성·의태어는 단독 단원이 없고 주로 각과의 본문에 제시되고 있고 어휘 설명과 연습 문제를 제시하지 않는다. 다음은 교재에 등장하는 의성·의태어 목록이다.

<표 7> 이화여대 한국어 교재에 나타난 의성·의태어 목록

한국어 교재	학습 단계	의성·의태어	개수
이화여대 「한국어」	1	없음	0
	2	가득, 꼼짝, 울긋불긋, 죽, 쿵쿵, 푹	6
	3	갈래갈래, 깜박, 깜작, 꼼꼼, 꽉, 당당, 딱, 똥똥, 반짝, 버럭, 벌떡, 우르르, 쩔렁, 쭈빗쭈빗, 통, 확, 흠뻑	17
	4	꼬박꼬박, 노릇노릇, 말랑말랑, 물씬, 바르르, 바삭바삭, 보글보글, 부석부석, 불룩불룩, 싹, 아기자기, 아삭아삭, 와들와들, 지글지글, 차근차근, 폭, 핑	17
	5	깡충깡충, 느릿느릿, 부쩍, 언뜻, 얼핏, 엉금엉금, 으르릉, 이리저리, 촉촉, 허겁지겁	10
	6	꼬불꼬불, 꼴깍, 덜렁, 도리도리, 들락날락, 뚝뚝, 머뭇머뭇, 방긋방긋, 쏠쏠, 씩씩, 재잘재잘, 조각조각, 쨍쨍, 척척, 터벅터벅, 팽팽, 펄펄, 풀풀, 허둥지둥, 헐레벌떡	20

사. <북경대 교재>

북경대 교재는 한국 국내 교재에 비하여 제시한 의성·의태어의 양이 많다. 교재에서 의성·의태어는 단독 단원이 없고 주로 5권에서 각 과 본문에서 제시하고 있고 '보충 지식-상용 부사' 부분에서 의성·의태어를 집중적으로 교육한다. 의성·의태어를 제시할 때 1-4권에서 중국어의 번역이 뒤따라 자세하게 나오고 있고 5권부터 한국어로 설명하고 있다.

* 들썩-들썩: 1. 갭직한 물건이 들렸다 가라앉았다 하는 모양. ☞기침을 할 때마다 이불이 들썩들썩한다. 2. 갭직한 물건을 들었다 놓았다 하는 모양. 3. (무엇에 자극을 받아) 마음이 들떠서 움직이는 모양. ☞남이 장가가는데 네가 왜 들썩들썩 하느냐? 4. (남에게 자극 따위를 주어) 마음을 흔들어 움직이게 하는 모양. ☞마음잡고 일하는 애 자꾸 들썩들썩하지 마라.
* 뚜벅뚜벅: 자신 있고 듬직하게 걷는 걸음의 뚜렷한 발자국 소리, 또는 그 모양. (북경대 「大學韓國語5」, 2015)

위에서 보는 바와 같이 북경대 교재에서는 의성·의태어의 의미 정보만 제시하고 있다. 이들에 대한 추가 명시적인 어휘 정보는 제시되어 있지 않다. 다음은 교재에 등장하는 의성·의태어 목록이다.

<표 8> 북경대 한국어 교재에 나타난 의성·의태어 목록

한국어 교재	학습 단계	의성·의태어	개수
북경대 「大學韓國語」	1	또박또박	1
	2	깜빡, 꼬박꼬박, 다닥다닥, 똑똑, 번쩍, 주렁주렁, 흠뻑	7
	3	살짝, 속속, 엉엉, 옹기종기, 잔뜩	5
	4	담뿍, 멀뚱멀뚱, 무럭무럭, 반짝반짝, 뻘뻘, 술술, 싱글벙글, 안절부절, 초롱초롱, 쿨쿨, 푹푹, 허겁지겁, 활짝	13
	5	가닥가닥, 갈래갈래, 걱실걱실, 글썽, 긁적긁적, 꼬박, 꾸룩꾸룩, 꾸역꾸역, 꿀떡, 납작납작, 날름, 느릿느릿, 도란도란, 다짜고짜, 덩실덩실, 덜컹, 두고두고, 뚝딱, 뭉그적뭉그적, 물씬물씬, 바짝바짝, 벅벅, 번쩍, 벌렁, 부글부글, 부리부리, 부쩍, 불끈, 뻑, 뻘뻘, 비슬비슬, 새록새록, 섬짓, 속속, 수군수군, 쉬엄쉬엄, 스물스물, 싱둥겅둥, 삭둑, 쌔근쌔근, 어정어정, 어물어물, 어기적, 엉금엉금, 오목오목, 오순도순, 우물우물, 우글, 옹기종기, 절름절름, 좍, 주춤주춤, 짝짝, 쨍쨍, 쭉쭉, 찔끔, 철썩, 콕콕, 쿵작쿵작, 탈탈, 터덜터덜, 팔짝, 푸드덕, 픽픽, 할금할금, 허루루, 호락호락, 후닥닥, 휘청휘청, 획획, 흐지부지, 히죽, 힐끗	73
	6	고이고이, 꼼짝, 꿀꺽, 대롱대롱, 두둥실, 드르륵, 머뭇머뭇, 바싹, 뿔뿔이, 섬뜩, 송골송골, 줄줄, 질질, 훌쩍, 흘깃, 흘러흘러	16

이상에서 한국어 교재 7종에 나타난 의성·의태어 교육 방법 및 제시 방법 등을 조사·분석하였다. 이를 종합하면 다음과 같은 <u>문제점</u>을 지적할 수 있다. 첫째, 의성·의태어는 어휘의 일종으로 각 교재들에서 아주 적게 수록하면서 잠깐 언급한 것이 전부이다. 체계적인 단계를 거쳐 자연스러운 언어 습득 훈련을 받지 못한다.

둘째, 초급 단계에서는 의성·의태어에 대한 교육이 거의 이루어지지 않고 대부분 중·고급 단계에 집중되는 것이다. 기존의 교재에는 초급 학습자들을 의성·의태어 학습의 대상에서 제외시켰는데, 일정 정도 초급 학습자의 부담을 줄였으나, 초급 단계에 의성·의태어에 대한 인식이 없어서 중급 단계부터 갑자기 의성·의태어를 학습하면 학습자의 학습 부담이 더 많을 수도 있다고 본다. 이 때문에 초급 단계의 학습자에게도 적극적으로 한국어 의성·의태어 학습을 도입할 필요가 있다. 초급 학습자의 학습 부담을 줄이는 동시에 의성·의태어 교육을 실시하기 위해서, 초급 단계에서는 의성·의태어의 기본 개념 이해와 학습자 모국어 표현과 공통되거나 유사성이 있는 의성·의태어를 중심으로 교육시키는 것이 좋다고 생각한다.

셋째, 위에서 분석한 범용 교재는 모두 문법을 중심으로 구성되어 있다. 따라서 대부분의 의성·의태어의 제시는 문법 혹은 본문의 부수적인 요소로서 그 의미만을 해석해 주는 수준에 머무르고 있다.

넷째, 학습자들의 인지도를 고려하지 못하였다. 학습자의 인지도 문제를 고려해야 한다는 것은 의성·의태어를 제시할 때 학습자가 쉽게 이해할 수 있는 것부터 제시함을 의미한다. 예를 들면 중국인 학습자가 모국어에서 존재하는 문화적인 요소를 먼저 접하고, 한국인의 생활과 밀접한 연관성을 보이는 의성·의태어부터 교재에 제시하는 방법이 학습자의 이해와 실제 사용을 고려한 바람직한 제시 방법이다. 이는 학습자의 시간을 최소한으로 줄이면서 학습의 효과는 최고로 끌어올리며, 또한 학습자의 학습에 흥미를 유발할 수 있는 의성·의태어 교육의 하나의 대안이 될 수 있다.

다섯째, 각 교재에 제시된 의성·의태어의 수는 많은 차이를 보이고 있으며 제시된 의성·의태어 난이도도 매우 다르다. 또한, 교재마다 의성·의태어를 제시하는 방법이 다를 뿐만 아니라 교재 내에서도 통일되어 제시되어 있지 않다. 이는 한국어 교육 현장에서의 의성·의태어에 대한 인식이 부족하고 학습자에게 의성·의태어 목록을 제시하는 단계 등에 대하여 심도 있는 논의가 이루어지지 않았기 때문으로 보인다. 의성·의태어의 학습 단계는 의성·의태어의 난이도와 긴밀하게 관련되어 있다. 따라서 그 기준은 한국인의 입장보다는 외국인 학습자의 입장을 충분히 고려한 기준으로 교재 출현 위치를 정해주는 것이 의성·의태어 교육에 도움이 되는 방법이라 생각한다.

이상으로 한국과 중국에서 자주 사용되는 한국어 교재에서 의성·의태어에 대한 제시 방법과 제시 내용 등에 대해서 살펴보았다. 의성·의태어는 대다수의 교재에서 매우 간략하게 다루어져 한국어 학습자들이 의성·의태어에 대해서 정확하게 이해하거나 사용하는데 어려움이 있으리라 판단한다.

이에 기존의 한국어 교재의 미흡점을 보완하기 위해 이어질 부분에서 중국인 학습자에게 의성·의태어의 교재화 방안을 제시하고자 한다.

2.2 한국어 학습자와 교사의 요구 분석

2.2.1 조사의 대상과 방법

교재를 개발할 때 무엇보다도 선행해야 할 절차는 요구조사이다. 요구조사를 통하여 학습자들이 실제 의성·의태어 학습에 대한 요구 사항과 교수 학습 방법을 파악함으로써, 학습 효과를 높이기 위한 교재 개발이나 효율적인 교수·학습 방안을 마련하는데 큰 도움이 될 것이다. 뿐만 아니라 교사에 대한 요구조사도 실시했다. 교사를 대상으로 요구조사를 한 이유는 교사는 한국어 교육 현장에서 실제로 한국어 학습자를 대상으로 한국어 수업을 진행하고 있는 입장이라서 학생들의 문제점을 잘 알고 있고, 또 학습자와 다른 각도에서 교육 과정 및 교재를 평가할 수 있을 것으로 예상되기때문이다. 따라서 본고에서는 중국 지역의 실정에 맞는 한국어 의성·의태어 교재 개발의 방향을 세우기 위한 기초 작업으로 중국 대학교 한국어학과 전공자와 교사의 한국어 의성·의태어에 대한 요구를 확인하고 그 결과를 분석하고자 한다.

각기 다른 지역의 세 학교[1]는 사용하는 교재가 다르나, 새로운 교재 개발에 대해 실질적인 도움이 되는 의견을 얻고자 조사 대상을 선택할 때 학년을 기준으로 하고 각 대학교의 1-3학년 중 매 학년 각각 10명[2]씩 선정했다. 1학년은 초급, 2학년은 중급, 3학년은 고급으로 나누었다. 이러한 조사를 통해 각 단계별 학생들이 의성·의태어를 배울 때 겪는 어려움 및 어떠한 학습 방식을 통하여 어려움을 극복하는지에 대한 것 등을 정확하게 파악할 수 있다.

자료 수집 (2017.3.15~2017.4.15)
설문지 작성을 위한 기초자료수집 및 분석 단계
설문지 구성 제정/문항 항목 선정

⇩

---

[1] 노동대학교, 남산대학교, 길림사범대학교.
[2] 필자는 교재 단원 설계 시, 각 단계의 학생들의 수요를 채집하여 각기 다른 교육 방식과 연습 활동으로 학습자들의 인정을 받으며 학습 적극성을 올리고자 한다.

2. 한국어 교재와 의성·의태어

예비조사 (2017.4.15~5.15)
예비 설문지 작성 및 예비조사 실시 단계
예비조사를 실시하고 의견을 수집하여 설문지를 수정함.

⇩

본조사 (2017.5.15~2017.6.20)
본 설문지 작성 및 본조사 실시 단계
예비 설문지를 보완해서 본설문지 작성하고
중국 3개 대학 90명 학생을 대상으로 본조사 실시

⇩

최종결과분석 (2017.6.16~2017.7.20)
본 조사 결과분석단계

본 연구는 중국인 학습자를 위한 한국어 의성·의태어 교재 개발, 특히 단원 구성을 제시하는 데에 목적을 두고 있다. 이 목적을 달성하기 위하여 설문지를 작성할 때 설문 대상자 기본정보 및 의성·의태어 학습 정보, 기존 교재의 현황 및 만족도, 새로운 교재에 대한 요구의 3부분으로 나누었다.

두 집단의 설문지 항목은 다음과 같이 구성하였다.

학습자 집단

조사 항목	조사 내용	설문 항목 (개)
설문 대상자 기본 정보	1. 소속 학교 학년 2. 학년	2
교수 학습 현황	1. 의성·의태어에 대한 학습의 필요성 2. 이전에 의성·의태어 수업을 받은 경험 3. 기존 교재에 대한 만족도 4. 기존 한국어 교재의 문제점	4
의성·의태어 교재 개발에 대한 요구	1. 가장 효과적인 학습 방법 2. 의성·의태어에 대해 가장 어려워하는 것 3. 의성·의태어에 대해 가장 배우고 싶은 것	3

교사 집단

조사 항목	조사 내용	설문 항목(개)
설문 대상자 기본 정보	1. 소속 학교 2. 한국어 교육 경력	2
교수 학습 현황	1. 의성·의태어에 대한 교육의 필요성 2. 이전에 의성·의태를 활용한 수업 유무 3. 기존 한국어 교재의 문제점과 보완 제언 4. 의성·의태어 교재가 있다면 선택 여부	4
의성·의태어 교재 개발에 대한 요구	1. 의성·의태어의 효과적인 교육 방식 2. 활용 연습 필요 여부 3. 기타	3

2.2.2 결과 분석

2.2.2.1 학습자의 요구조사 결과 분석

(1) 교수 학습 현황

□ 의성·의태어에 대한 학습이 필요하다고 생각합니까?

<표 9> 의성·의태어에 대한 학습의 필요성

	초급		중급		고급	
	응답(30명)	퍼센트	응답(30명)	퍼센트	응답(30명)	퍼센트
있다	25	83.3%	26	86.7%	29	96.7%
없다	5	16.7%	4	13.3%	1	3.3%

예비조사 단계에서 초급 수준 학습자들이 의성·의태어에 대한 개념 이해가 부족해, 초급 수준의 학습자들을 대상으로 의성·의태어 개념에 대한 간략한 설명을 해주었다. 의성·의태어에 대한 학습 필요성에서, 세 단계의 학습자 들은 모두 긍정적으로 대답했다. 학습자들은 의성·의태어의 학습이 필요하다고 생각하며 학습에 대한 적극적인 태도 또한 갖추고 있었다.

2. 한국어 교재와 의성·의태어

□ 이전에 의성·의태어에 대한 수업을 받은 경험이 있습니까?

<표 10> 의성·의태어에 대해 수업 받은 경험

	초급		중급		고급	
	응답(30명)	퍼센트	응답(30명)	퍼센트	응답(30명)	퍼센트
있다	0	0	5	16.7%	4	13.3%
없다	30	100%	25	83.3%	26	86.7%

의성·의태어에 대한 수업을 받은 적이 있느냐는 질문에 대부분의 학습자들은 경험이 없다고 응답했다. 경험이 있다고 응답했던 학습자들은 한국 영화를 활용한 수업이나 예능 프로그램을 활용한 수업을 받은 적이 있다고 응답했다. 그러니까 이들은 학습자의 흥미 유발을 위해 교사가 개인적으로 준비한 영화나 예능프로그램 등과 같은 학습 자료로 한국어 수업을 받은 것이다. 따라서 이러한 영화나 예능프로그램을 활용한 수업은 규칙적으로 이뤄진 것이 아니라 학습자의 흥미를 위해 시행된 단발성 학습이었다. 이러한 까닭은 아직 한국어 교육과정에 의성·의태어에 대한 교육 방안이 체계적으로 마련되어 있지 않기 때문이다.

□ 배우고 있거나 배웠던 한국어 교재에서 의성·의태어를 다루는 부분에 대하여 만족합니까?

<표 11> 기존 교재에 대한 만족도

	초급		중급		고급	
	응답(30명)	퍼센트	응답(30명)	퍼센트	응답(30명)	퍼센트
전혀 만족하지 않다	3	10%	5	16.7%	11	36.7%
별로 만족하지 않다	10	33.3%	15	50%	12	40%
보통이다	14	46.7%	6	20%	6	20%
조금 만족하다	2	6.7%	4	13.3%	1	3.3%
매우 만족하다	1	3.3%	0	0	0	0

배우고 있거나 배웠던 한국어 교재에서 의성·의태어를 다루는 부분에 대하

여 만족하느냐는 질문에 대한 조사 결과를 보자. 초급 학습자는 '보통이다'를 가장 많이 선택하여, 46.7%에 달한다. 중급 학습자는 '별로 만족하지 않는다'를 가장 많이 선택하여, 50%가 된다. 고급 학습자는 '별로 만족하지 않는다'를 가장 많이 선택하여, 이 비율이 40%가 된다. 이밖에도, '조금 만족한다'를 선택한 것은 초급, 중급, 고급 각각 6.7%, 13.3%, 3.3%이다. '매우 만족한다' 라고 대답한 학습자는 겨우 한 명이다. '전혀 만족하지 않다'고 대답한 것은 초급, 중급, 고급 각각 10%, 16.7%와 36.7%이다. 이를 통해 알 수 있는 것은 한국어 수준이 높아질수록 현 교재에 대한 만족도가 떨어짐을 알 수 있다. 따라서 새로운 교재 개발이 필요함을 알 수 있다.

□ **배우고 있거나 배웠던 한국어 교재에서 의성·의태어를 다루는 부분에 대한 문제점이 무엇이라고 생각합니까?**

이 설문은 개방형으로 구성하였다. 정리를 통해 발견한 것은, 학생들이 기존 교재에서 의성·의태어 부분에 문제가 있다고 느끼는 부분이 주로 '어휘량이 부족하다', '그림이 너무 적다', '내용이 지루하다' 및 '체계적으로 공부할 수 없다' 그리고 '용법이 명확하지 않다' 등의 측면에 집중되었다.

(2) 의성·의태어 교재 개발에 대한 요구

□ **가장 효과적인 학습 방법이 무엇이라고 생각합니까?**

<표 12> 가장 효과적인 학습 방법

	초급		중급		고급	
	응답(30명)	퍼센트	응답(30명)	퍼센트	응답(30명)	퍼센트
시청각	19	63.3%	4	13.3%	1	3.3%
게임	5	16.7%	17	56.7%	0	0
발표	1	3.3%	3	10%	3	10%
토론	2	6.7%	2	6.6%	3	10%
강의(쓰기 위주)	3	10%	4	13.3%	23	76.7%

초급 학습자들이 의성·의태어에 대한 효과적인 학습 방법으로 선택한 것은 흥미 위주의 방법에 집중되어있다. 초급 학습자들은 시청각자료를 활용한 학습

을 선호하여, 63.3%를 차지하고, 중급 학습자들은 '직접 참여할 수 있는 게임 활동'의 학습 방법을 56.7% 선택하였으며, 고급 학습자들의 76.7%는 작문과 회화 능력을 높일 수 있는 '강의' 학습을 선택했다. 중국의 대부분 고학년 학습자들은 계속하여 한국어 공부를 하든 직업을 찾게 되든 모두 성적표가 요구되기 때문에 TOPIK 시험의 성적을 굉장히 중요하게 생각한다. 그렇기 때문에 학습자들은 집중적 학습 방식을 통해 의성·의태어의 사용법을 익혀 한국인들과 자유롭게 의사소통을 하고, 시험에서도 높은 점수를 얻고자 한다.

□ 의성·의태어에 대해 가장 어려워하는 것과 배우고 싶은 것?

초급 단계의 학습자들은 주로 이러한 종류의 어휘가 굉장히 재미있다고 느낀다. 초급 학습자들과 비교하여 중·고급 단계의 학습자들은 의성·의태어 학습에 대한 욕망이 굉장히 강하고, 일정량의 어휘량을 갖추었지만 실제로 활용하는 능력은 비교적 약해 공부를 통해 단어 활용 능력을 올리고자 한다. 중급 단계의 학습자들은 의성·의태어에 대한 학습 경험이 있지만 체계가 잡혀 있지 않다. 심층 면접을 통해 알아본 결과 그들 역시 한국 드라마나 예능을 통해 의성·의태어를 자주 접하지만 드라마나 예능에 나오는 의성·의태어의 종류는 매우 풍부하고, 일정한 규칙을 찾을 수 없어 학습에 대한 욕망은 강하지만 갈피를 잡지 못한다. 그들은 기준 교재 중의 의성·의태어의 내용은 지루하고, 그림도 적어 학습에 대한 흥미를 이끌어내지 못한다고 생각한다.

고급 단계의 학습자들은 의성·의태어 학습에 대한 욕망이 굉장히 강하지만 문장 중 구체적인 사용 방법에는 이해가 부족하였다. 의성·의태어를 공부하는 주요 방법은 암기인데다가 의성·의태어의 종류가 매우 풍부하고 규칙성이 없어 높은 망각율과 혼동을 초래하고 문맥에 따라 정확하게 사용하지 못하는등의 문제를 가지고 있기 때문이다. 특히 작문 중 앞뒤 결합 단어의 선택이 어려운 점이라 생각하였다. 그들은 의성·의태어 학습을 통해 작문 능력을 높이고자 한다. 또, 고급 TOPIK 시험에 출제되는 의성·의태어들이 비슷하여 이러한 유형의 문제에서의 실점이 심각하기 때문에 학습을 통해 해결 방안을 얻고자 한다.

2.2.2.2 교사의 요구조사 결과 분석

조사 대상 교사는 노동대학교(5명), 남산대학교(7명), 길림사범대학교(3명), 길림대학교(2명), 천진외국어대학교(1명)등 중국의 여러 대학교에서 교수하고 있다. 다양한 지역 학교의 교사를 통해서 중국의 한국어 교육 현황을 알아 볼 수 있다.

□ 한국어를 교수한 지 얼마나 되셨습니까?

	1~2년	2~3년	3~4년	5년 이상
응답	1	1	1	15
퍼센트	5.6%	5.6%	5.6%	83.3%

'한국어를 교수한 지 얼마나 되셨습니까?'라는 문항에 대한 대답으로 교육 경력은 5년 이상이 가장 많았다. 조사 결과에 따르면 이번 연구에 참가한 교사들이 비교적 풍부한 교수 경험을 갖고 한국어 교육 현장과 밀착된 현실적인 의견들을 내놓을 것으로 기대되었다.

(1) 교수 학습 현황

□ 의성·의태어를 교육할 필요가 있다고 생각하십니까?

모든 교사들이 한국어 교육에서 의성·의태어에 대한 교육을 중시해야 한다고 생각한다. 학습자들은 의성·의태어 학습을 통해 한국어 말하기 능력과 작문 능력을 높일 수 있을 뿐만 아니라, 한국만의 독특한 문화를 이해할 수 있어서 한국어에 대해 긍정적인 의미를 가질 수 있다.

□ 이전에 의성·의태어를 활용한 수업을 해본 경험이 있습니까? 의성·의태어를 교육할 때 가장 어려워하는 점이 무엇입니까?

일부 교사들이 의성·의태어를 전문적으로 교육해 보았지만, 교사가 직접 보조 자료를 준비해야 하고 준비과정 역시 굉장히 힘들다고 했다. 이밖에도 학습자 수준에 맞는 의성·의태어를 선택하면서 동시에 학습자의 흥미를 유발 하는 것이 더 어렵다고 했다.

□ 현재 출간된 한국어 교재들은 어떤 부분이 부족하다고 생각하십니까? 또한 어떤 부분이 보강되어야 한다고 생각하십니까?

현재 사용중인 교재가 대부분 의성·의태어 특징을 나타내지 못했고 일반 어휘 교수법을 혼동해서 의미를 설명하고 예문을 제시하는 방식으로 가르치고 있다. 또한 대다수 한국어 교재에 나오는 의성·의태어가 해당 단원의 주제에 부합하기 위해 학습자의 한국어 수준은 감안하지 않거나 너무 쉽거나 아니면 너무 어려운 상황이 자주 나타나고 있다. 이에 의성·의태어 교육에 있어서 학습자들의 한국어 수준을 고려해 주고 이에 맞게 대응해 주어야 한다.

□ 의성·의태어 교재①가 있다면 선택하여 수업을 활용하시겠습니까?

본 요구조사에 응한 한국어 교사들은 의성·의태어 교재에 상당히 호의를 보이고 있었다. 아직까지 이러한 교재가 없었기 때문이기도 하지만 그들의 생각대로 학습 효과에 대한 기대도 없지 않았을 것이라 판단된다.

(2) 의성·의태어 교재 개발에 대한 요구

□ 의성·의태어의 효과적인 교육 방식이 무엇이라고 생각하십니까?

의성·의태어 교육 방식에서, 교사들은 일반 단어와 구별하여 초급과 중급 전(前) 단계에서는 주로 흥미 위주로 교육하여 학습자들의 학습 적극성을 올리고 중급 후기 및 고급 단계에서는 응용 및 작문 능력 올리기를 위주로 하여야 한다고 생각한다. 이 부분은 학습자들의 의성·의태어 학습에 대한 요구와 일치한다.

한편 '활용 연습이 잘 구성되어야한다'의 의견이 있었다. 이러한 한국어 교사들이 사용하고 있는 한국어 교재에 의성·의태어를 다루는 부분에 대한 만족도가 높지 않다는 것을 알 수 있다.

□ 한국어 의성·의태어 교재가 개발된다면 집필자에게 하고 싶은 말을 자유롭게 적어주십시오.

'한국어 의성·의태어 교재가 개발된다면 집필자에게 하고 싶은 말을 자유롭게 적어주십시오'라는 항목에서 조사 대상자들이 '학습자 중심의 교재를 개발하였으면 좋겠다', '각 단원의 학습 목표를 제시하는 것이 좋다', '삽화, 그림, 동영상 등 시청각 자료 등을 많이 활용하는 것이 좋다', '단원 구성에 있어서 단계적으로 심화시켜 나가는 과정이 필요하다', '다양한 활동을 설계하여야한 다' 등의 의견이 있었다. 이러한 응답은 교사들의 교육적 경험이 포함되어 있으리라 추정된다.

2.2.2.3 요구조사 결과 종합

위의 조사 결과를 통해 우리는 중국인 학습자를 위한 의성·의태어 교재 개발에 다음과 같은 시사점을 얻을 수 있다.

1) 교사와 학습자들은 모두 기존 교재에 의성·의태어 부분이 부족하다고 생

---

① 기존 한국어 교재와 구분하기 위해서 여기에서는 본 논문에서 재설계한 한국어 교재를 의성·의태어 교재라 부른다.

각하고 있고, 어휘량이 적고 일부 단어는 상용되지 않고 체계적이지 않아서 의성·의태어 교육 전문 교재 개발이 매우 필요하다고 생각한다.

2) 조사 결과에 따르면 초급 및 중급 단계 초기에는 학습자들의 학습 의욕과 흥미를 높여 주는 교육 방식이 가장 적합한 것으로 나타났다. 초급 단계 학습자는 모국어의 의미·형태와 유사한 의성어 교육에 집중해야 한다. 개인적인 면담을 통해 초급 일부 학습자들은 한국 드라마나 예능을 통해 의성어에 대해 어느 정도 이해하고 있다는 것을 알게 되었다. 특히 중국어와 비슷한 의성어에 대한 인상이 깊었다. 이는 주로 의성어는 자연적인 소리를 모방한 것과, 모국어와 비슷한 의성어는 학생들이 모국어를 통해 초보적인 추측을 할 수 있기 때문이다. 그렇기 때문에 이러한 상황과 관련하여 초급 단계의 학생들의 교육 중점은 의성어에 두어야 하고 특히 중국어와 비슷한 의성어에 두어야 한다. 이렇게 한다면 학습자들의 의성·의태어에 대한 부담을 줄일 수 있을 뿐만 아니라 의성·의태어의 개념이 앞으로의 교육에 토대가 될 수 있다. 중급 단계 학습자는 수업 내용에 게임 부분이 더욱 많이 있기를 희망하고 자신이 직접 게임에 참여할 수 있는 교육 방법에 가장 큰 흥미를 느끼고 있다. 중급 단계 후기 및 고급 단계의 학습자는 문장 속에서 어휘를 구체적으로 사용하는 방법 및 단어의 연어 결합 방식에 가장 높은 관심을 갖고 있고, 또한 의성·의태어 학습을 통해 작문 실력을 높일 수 있기를 희망한다.

3) 초급 및 중급 단계의 학습자들은 의성·의태어의 의미 해석 측면에서 중국어 번역이 함께 있기를 희망하며 이렇게 해야 이해하기 쉽다고 생각한다.

4) 단원마다 학습전에 단원의 학습 내용을 파악할 수 있기를 희망하고, 이에 단원별 학습 목표를 설정하는 것이 매우 필요하다.

이상으로 중국인 학습자를 위한 의성·의태어 교재 개발을 위하여 학습자와 교사의 요구 분석을 실시하였고 그 결과 교재개발에 있어 중요한 시사점을 살펴볼 수 있었다. 이러한 요구조사는 학습자가 의성·의태어 학습 과정에서 원하는 내용이나 방법에 대한 실제적인 자료를 제공한다는 점에서 중요한 작업이다. 또한 조사 결과를 교재 개발 과정에 반영함으로써 중국인 학습자를 위한 적합한 한국어 의성·의태어 교재 개발에 큰 기여를 할 것이다.

2.3 의성·의태어의 교재화 방안

2.3.1 교육용 의성·의태어의 목록 선정

효과적인 한국어 의성·의태어 교육을 위해 교육 목록을 구성하는 것이 중요하다. 본고에서 다음과 같은 과정을 통해 중국인 학습자를 위한 교육 목록을 선정하고자 한다.

첫째, 교육용 의성·의태어를 선정하기 위해서 앞 절에서 한국 국내 6개 대학과 중국 1개 대학 기관의 한국어 교재에 제시된 의성·의태어를 조사하고, 2회 이상 출현된 의성·의태어를 추출하여 '한국어 교재 등재 목록'을 선정하였다.

둘째, 한국어능력시험에 출제된 모든[①] 의성·의태어를 선정되고 'TOPIK 시험 출제 목록'은 표로 제시하였다.

셋째, 김광해(2003)와 김한샘(2005)에서 제시한 어휘 목록 중에서 빈도수가 25개 이상인 의성·의태어를 추출하여 '빈도수에 따른 목록'을 만든다.

넷째, 위에 제시한 '한국어 교재 등재 목록', 'TOPIK 시험 출제 목록', '빈도수에 따른 목록'을 합친 후, 목록 중에 중복된 어휘를 삭제하고, 마지막으로 「표준국어대사전」에 없는 어휘를 제외시켜 최종 목록을 확정한다. 구체적인 선정 절차는 다음과 같다.

본고는 2개 학교 이상에서 공통적으로 제시되고 있는 의성·의태어는 한국어 교육 현장에서 필요하다고 인식하고 있는 어휘로 인정하여 목록에 포함시켰다. 따라서 이러한 작업을 거쳐서 선정된 '한국어 교재 등재 목록'은 다음<표 13>과 같이 모두 123개 이다.

[①] TOPIK은 교육과학기술부가 총괄하고 국립국제교육원에서 주관하는 시험이다. 이 시험은 한국어를 모국어로 하지 않는 외국인과 재외동포를 대상으로 한국어 능력을 측정하고 일정한 수치로 환산하는 것을 목적으로 하는 시험이다. 현재 한국의 모든 대학교들은 유학생의 TOPIK 성적을 요구하고 있다. 유학생이 한국의 대학교에 입학신청을 하거나 장학금을 신청할 경우, 유학생은 대학교에 자신의 TOPIK 성적을 제출해야 한다. 또한 TOPIK 성적은 대부분의 한국 기업들이 직원을 채용할 때 중요하게 여기는 채용조건 중 하나이다. 그 외에도 영주권 또는 결혼 이민 비자 등을 신청할 경우에도 TOPIK 성적은 중요한 참고자료가 된다. 심지어 대부분의 중국 대학교들에서 TOPIK 성적은 대학교 졸업 조건 중 하나이기도 하다.(4급 이상을 취득하지 못하면 졸업할 수 없는 대학교들이 많음)중국인 학습자들은 대부분 한국어 교재를 통해 한국어를 학습하면서 TOPIK시험을 보게 된다. 따라서 TOPIK에 출현되는 의성·의태어를 한국어 교재에 포함되어야 할 것이다. 따라서 TOPIK에 나온 의성·의태어들은 출현 빈도에 상관없이 모두 교육 목록에 포함시켜 제시할 필요성이 있다고 본다. 그리고 TOPIK 시험에서의 의성·의태어 문제가 반드시 어휘 영역에 한정되어 출제되는 것은 아니다. 본 연구에서는 TOPIK에 어휘 영역만 아닌 전 영역에 나타난 의성·의태어를 모두 포함시켰다.

<표 13> 한국어 교재 등재 목록

푹, 깜빡, 꼼꼼, 딱, 반짝반짝, 쭉, 확, 깜짝, 꽉, 번쩍, 벌떡, 보글보글, 술술, 쿨쿨, 펑펑, 활짝, 훌쩍, 흠뻑, 가득, 갈래갈래, 꽁꽁, 끄덕, 딱딱, 또박또박, 버럭, 부쩍, 뻘뻘, 싱글 벙글, 싹, 쌀쌀, 아슬아슬, 엉금엉금, 옹기종기, 주렁주렁, 콜록콜록, 팔짝팔짝, 푹푹, 하하, 허겁지겁, 허둥지둥, 개굴개굴, 고래고래, 곰곰, 구불구불, 깜박, 깡충깡충, 꼬르륵, 꼬박꼬박, 꼬치꼬치, 꼼짝, 꾸벅꾸벅, 꾹, 꿀꺽, 끙끙, 느릿느릿, 다닥다닥, 담뿍, 당당, 덜렁덜렁, 도란도란, 두근두근, 두근, 뒤죽박죽, 들락날락, 땡땡, 똑똑, 뚝, 뚝뚝, 말랑 말랑, 머뭇머뭇, 멀뚱멀뚱, 무럭무럭, 문득, 물씬, 바삭바삭, 바짝바짝, 반짝, 번쩍번쩍, 벌벌, 부글부글, 빙빙, 살금살금, 새록새록, 속속, 수군수군, 쉿, 슬슬, 시끌벅적, 썩, 쏠쏠, 쑥, 씩씩, 아기자기, 아삭아삭, 알록달록, 어흥, 얼룩덜룩, 엉엉, 우르르, 울긋불긋, 울퉁불퉁, 이리저리, 점점, 줄줄, 질질, 쨍쨍, 찌뿌드드, 찡, 차근차근, 차차, 척척, 촉촉, 칙칙폭폭, 쿵쿵, 터덜터덜, 털썩, 텅, 통, 통통, 펄펄, 훌쩍훌쩍, 훨훨, 흥청망청

그 다음으로 TOPIK 시험 출제 의성·의태어 제시 현황을 살펴보도록 할 것이다. TOPIK은 교육과학기술부가 총괄하고 국립국제교육원에서 주관하는 시험이다. 이 시험은 한국어를 모국어로 하지 않는 외국인과 재외동포를 대상으로 한국어 능력을 측정하고 일정한 수치로 환산하는 것을 목적으로 하는 시험이다. 현재 한국의 모든 대학교들은 유학생의 TOPIK 성적을 요구하고 있 다. 유학생이 한국의 대학교에 입학신청을 하거나 장학금을 신청할 경우, 유학생은 대학교에 자신의 TOPIK 성적을 제출해야 한다. 또한 TOPIK 성적은 대부분의 한국 기업들이 직원을 채용할 때 중요하게 여기는 채용조건 중 하나이다. 그 외에도 영주권 또는 결혼 이민 비자 등을 신청할 경우에도 TOPIK 성 적은 중요한 참고자료가 된다. 따라서 TOPIK 시험에서 출제된 의성·의태어들을 모두 교육용 목록에 제시할 필요성이 있다고 본다. 그리고 TOPIK 시험에 서의 의성·의태어 문제가 반드시 어휘 영역에 한정되어 출제 되는 것은 아니 다. 본 연구에서는 한국어능력시험의 어휘영역뿐 아닌 전영역에서 나타난 의성·의태어를 모두 포함시킨 바, 현재 TOPIK 웹사이트에서 제공되고 있는 1회~34회에 출제된 의성·의태 어의 개수는 모두 168개이다.

<표 14> TOPIK 시험 의성·의태어 출제 목록

등급	의성·의태어	개수
초급	깜짝, 딩동, 똑똑, 아삭, 쭉, 후루룩	6
중급	가득, 구불구불, 깜빡, 깜짝깜짝, 꼬깃꼬깃, 꼬박꼬박, 꼼꼼, 꽉, 따끔, 딱, 똑딱, 반짝반짝, 비슷비슷, 뾰족뾰족, 살금살금, 살랑살랑, 새근새근, 슬슬, 시들시들, 싱글싱글, 썩, 쏙, 씩씩, 울퉁불퉁, 점점, 졸졸, 주룩주룩, 쭉, 콜록, 텅, 푹, 핑, 헉헉, 후루룩후루룩, 활짝, 훌쩍, 휠휠	38
고급	갈팡질팡, 건들건들, 글썽글썽, 기웃기웃, 껑충, 꼬치꼬치, 꼭꼭, 꼼짝, 꽁꽁, 꾸벅꾸벅, 꾸역꾸역, 꿈쩍, 꿈틀꿈틀, 끄덕, 느릿느릿, 다닥다닥, 덥석, 도란도란, 동동, 두근두근, 뒤죽박죽, 들썩들썩, 들쑥날쑥, 들쭉날쭉, 듬성듬성, 딱딱, 딸깍딸깍, 또박또박, 뚜벅뚜벅, 뚝, 띄엄띄엄, 머뭇머뭇, 모락모락, 무럭무럭, 무뚝, 문득, 물씬물씬, 바짝바짝, 방긋방긋, 번쩍번쩍, 벌떡, 벌컥벌컥, 보글보글, 부랴부랴, 부쩍, 불쑥, 불쑥불쑥, 뼁, 사뿐사뿐, 새록새록, 새콤달콤, 선뜻, 실렁실렁, 심찟 심찟, 성큼성큼, 송글송글, 술술, 슬쩍슬쩍, 시끌벅적, 시시콜콜, 싱숭생숭, 쌀쌀, 쌔근쌔근, 쑥, 아등바등, 아슬아슬, 아장아장, 안달복달, 알록달록, 어마어마, 어정쩡히, 언뜻, 얼씨구, 얼핏, 엉금엉금, 엉엉, 오락가락, 오순도순, 오톨도톨, 옥신각신, 올록볼록, 올망졸망, 옹기종기, 와들와들, 우뚝, 우르르, 우물쭈물, 우왕좌왕, 울긋불긋, 움찔움찔, 움푹, 으쓱, 이러쿵저러쿵, 조곤조곤, 주렁주렁, 주섬주섬, 주저주저, 줄줄, 질겅질겅, 지싯 지싯, 쩍, 쭈글쭈글, 쭈뼛쭈뼛, 차곡차곡, 촉촉, 출렁, 콩닥콩닥, 탁, 터벅터벅, 툭툭, 티격태격, 팔짝팔짝, 펄펄, 퐁퐁, 할금할금, 확확, 활활, 홱, 허둥지둥, 흔들흔들, 흠칫흠칫, 흥청망청, 희끗희끗, 힐끗힐끗	124

같은 어휘가 다른 등급에서 반복하여 제시된 경우 본고에서는 그중 하나만 대표로 제시했다.

또한, 어휘 목록을 선정할 때 고려해야 할 기준 중의 하나는 한국인들의 사용 빈도이다. 본고는 김광해(2003)와 김한샘(2005)의 공통 의성·의태어 목록 빈도수를 참고하여 빈도가 높은 의성·의태어를 선정하고자 한다. 장학련(2012)에서는 김광해(2003)와 김한샘(2005)에서 공통으로 제시한 의성·의태어 목록을 정리했다. 본고는 장학련(2012)에서 정리한 공통 목록을 바탕으로 빈도수가 25개 이상인 의성·의태어를 추출하였는데 다음 <표 15>와 같다.

<표 15> 빈도수에 따른 목록

학습 등급	사용 빈도수
초급	점점(473), 깜짝(146), 꽉(143), 벌떡(142), 쭉(141), 텅(125), 활짝(93), 푹(84), 우뚝(70), 차차(61), 꾹(40), 우르르(36), 빙그레(36), 번쩍(28), 차근차근(27)
중급	딱(339), 확(103), 바짝(89), 툭(70), 지그시(48), 부쩍(47), 와락(43), 버럭(39), 부르르(36), 허허(36), 바싹(34), 쾅(34), 힐끗(33), 슬슬(29), 쏙(27), 펑펑(27), 꼬박꼬박(26)
고급	불쑥(102), 헤헤(97), 꼼짝(71), 꽁꽁(49), 휙(49), 멈칫(34), 짝(30), 뚝뚝(29), 쑥(29), 듬뿍(28), 질질(27), 꼭꼭(26), 퍼뜩(25), 질끈(25)

이렇게 한국어 교재와 TOPIK 시험 및 한국어 문헌에서 의성·의태어의 제시 현황을 살펴보았다.

각 목록에서 선정된 의성·의태어를 정리해 보면 다음과 같다. 한국어 교재 등재 목록은 123개, TOPIK 시험 출제 목록은 168개, 김광해(2003)와 김한샘(2005) 목록은 47개가 있다. 선정된 어휘를 모두 합치면 총 338개이다. 이중에 중복된 어휘인 경우에는 삭제하고 하나만 남겨야 한다. 그리고 이중에 첩어 구성인 어휘는 의미가 같은 경우가 있고 다른 경우도 있다. 의미가 같은 경우에는 첩어 구성인 어휘는 빼고 그 중의 하나만 남기고, 의미가 다른 경우에는 둘 다 교육용 의성·의태어 목록에 포함시킨다. 이러한 작업을 거쳐서 최종 교육용 의성·의태어 목록을 선정하였다.

<표 16> 교육용 의성·의태어 목록

가득, 갈래갈래, 갈팡질팡, 꽉, 개굴개굴, 깜박, 깜빡, 깜짝, 깡충깡충, 건들건들, 껑충, 고래고래, 곰곰, 꼬깃꼬깃, 꼬르륵, 꼬박꼬박, 꼬치꼬치, 꼭꼭, 꼼꼼, 꼼짝, 꽁꽁, 구불 구불, 꾸벅꾸벅, 꾸역꾸역, 꾹, 꿀꺽, 꿈쩍, 꿈틀꿈틀, 글썽글썽, 끄덕, 끙끙, 기웃기웃, 느릿느릿, 다닥다닥, 담뿍, 따끔, 딱, 딸깍딸깍, 땡땡, 덥석, 도란도란, 동동, 또박또박, 똑똑, 똑딱, 두근두근, 뒤죽박죽, 뚜벅뚜벅, 뚝, 뚝뚝, 들락날락, 들썩들썩, 들쑥날쑥, 들쭉날쭉, 듬뿍, 듬성듬성, 띄엄띄엄, 말랑말랑, 머뭇머뭇, 멀뚱멀뚱, 멈칫, 모락모락, 무뚝뚝, 무럭무럭, 문득, 물씬, 바삭바삭, 바싹바싹, 반짝, 방긋방긋, 반짝반짝, 버럭, 번쩍, 벌떡, 벌벌, 벌컥

벌컥, 뻘뻘, 뺑, 보글보글, 부글부글, 부랴부랴, 부르르, 불쑥, 부쩍, 비슷비슷, 빙그레, 빙빙, 뾰족뾰족, 사뿐사뿐, 살금살금, 살랑살랑, 싹, 쌀쌀, 새근 새근, 새록새록, 새콤달콤, 선뜻, 설렁설렁, 섬찟섬찟, 썩, 성큼성큼, 속속, 쏙, 쏠쏠, 수군수군, 술술, 숯, 쑥, 슬쩍슬쩍, 시들시들, 시시콜콜, 시끌벅적, 싱글벙글, 싱글싱글, 싱숭생숭, 슬슬, 쓱, 씩씩, 아기자기, 아등바등, 아슬아슬, 알록달록, 아장아장, 엉금 엉금, 엉엉, 옹기종기, 우뚝, 우르르, 울긋불긋, 울퉁불퉁, 아삭아삭, 안달복달, 어마 어마, 어정쩡, 어흥, 언뜻, 얼룩덜룩, 오락가락, 오순도순, 오톨도톨, 옥신각신, 올록 볼록, 올망졸망, 와들와들, 와락, 우물쭈물, 우왕좌왕, 움찔움찔, 움푹, 으쓱, 이러쿵 저러쿵, 조곤조곤, 졸졸, 점점, 주룩주룩, 주섬주섬, 주저주저, 질끈, 주렁주렁, 줄줄, 지그시, 지싯지싯, 질겅질겅, 질질, 짝, 쨍쨍, 쩍, 쭈글쭈글, 쭈뼛쭈뼛, 쭉, 찌뿌드드, 찡, 차근차근, 차차, 촉촉, 차곡차곡, 척척, 출렁, 칙칙폭폭, 콜록, 콩닥콩닥, 쾅, 쿨쿨, 쿵쿵, 탁, 텅, 털썩, 툭, 통통, 티격태격, 터덜터덜, 터벅터벅, 팔짝팔짝, 퍼뜩, 펄펄, 펑펑, 푹, 푹푹, 퐁퐁, 핑, 활짝, 하하, 할금할금, 허겁지겁, 허허, 허둥지둥, 헉헉, 헤헤, 확, 활활, 홱, 휙, 후루룩, 훌쩍, 휠휠, 흔들흔들, 흠뻑, 흠칫흠칫, 흥청망청, 희끗희끗, 힐끗

앞에서 살펴본 바와 같이 현재 한국어 교육 현장에서는 체계적인 의성·의태어 교육 방안을 갖추고 있지 못하며 효율적인 학습이 이루어지지 않았다고 볼 수 있다. 구본관(2011)에서는 교육용 기본 어휘가 선정된 다음에는 이를 대상으로 하여 학습자의 학습 목적과 수준에 따라 수준별로 등급화를 해야 한다고 했다. 따라서 다음 절에서는 의성·의태어 등급화를 목표로 중국인 학습자를 대상으로 한국어 의성·의태어의 난이도에 대해 검토하고자 한다.

2.3.2 의성·의태어의 난이도 분석

2.3.2.1 난이도 분석 방법론과 번역 등가 이론

번역에 대한 학자들의 견해는 다양하지만 한마디로 정리한다면, 번역은 하나의 언어기호를 다른 언어기호로 옮기는 작업으로 볼 수 있다. 체코의 구조주의 언어학자 로만 야콥슨(Jakobson Romann)은 이런 번역을 가리켜 '뮤언어 간 번역'으로 보면서 '특정 언어의 기호를 다른 언어로 해석하는 행위'라고 정의하고 있다(주옥파, 2007).

한국에서는 일반적으로 외국어 교육이 지향하는 언어 기능을 말하기, 듣기, 읽기, 쓰기의 네 가지 영역으로 제시하고 있다. 이에 비해 중국에서는 전통적

으로 외국어 교육이 지향하여(야) 할 목표로 듣기, 말하기, 읽기, 쓰기, 번역하기 등 다섯 가지 능력을 두루 갖춘 외국어 인재를 양성하는 데 있다고 강조해왔다(장광군, 2000). 외국어로서의 한국어교육도 마찬가지로, 번역은 한국어교육의 중요한 목표 중의 하나이기도 하면서 그 자체가 한국어 학습을 돕는 중요한 수단으로도 널리 사용되어 왔다. 특히 중국내 한국어 교육에 있어서 번역 교육이 차지하는 위상과 중요성에 비추어볼 때 중국이 학습자들에게 번역 교육의 필요성이 제기된다(주옥파, 2007).

번역의 정의와 함께 번역의 기준에 대해서도 고찰해 필요가 있다. 왜냐하면 번역의 개념은 번역의 기준과 밀접한 상호관계를 맺고 있기 때문이다. 지금까지 번역의 기준에 대해 여러 학자들이 논한 바 있는데 여기서 서양, 한국, 중국의 학자들은 각각 어떻게 주장하는지, 그 내용을 간략하게 정리하자면 다음과 같다.

강유연(2009)에서 르드레드(M.Leaderer, 1994)와 쾰러(W.Köller, 1992)는 원문의 메시지를 목표어에 맞도록 전달하는 데 다음과 같은 번역의 기준이 필요하다고 했다.

①번역은 원문이 비언어적 현실에 대해 주고 있는 정보를 전달해야 한다.
②번역은 원문의 문제를 살려야 한다.
③번역은 장르를 고려해 이루어져야 한다.
④번역은 독자가 이해할 수 있도록 독자의 지식에 맞춰져야 한다.
⑤번역문의 표현을 통해 원문이 주는 언어 미학적 효과와 동일한 효과가 나타나야 한다.

조재영(2000)에서 번역의 지침을 다음과 같이 제시했다.

①동등한 효과를 달성하자.
②원문의 텍스트를 핵문 단위로 분석하자.
③8품사보다 4품사를 선호하자.
④형식 대응 번역보다 내용 중시 번역을 상대적으로 우선하자.
⑤통사역보다 의미역을 우선하자.
⑥바른 어역(register)을 선택하자.
⑦생각을 다양하게 바꾸어 쓸 줄 알자.

본 논문에서는 위에서 언급한 번역 이론을 기반으로 하여 등가 번역 분류 방법을 알아보고자 한다. 본 논문에서는 의성·의태어 등가번역을 다음의 4종류로 분류하였다. 명칭은 기존의 명칭을 그대로 사용하지 않다. 다만, 이해를 돕기 위해 대조분석과 스코포스(SKOPOS) 이론을 동시에 활용하여 구체적으로 설명한 부분도 있다[1].

첫째 번역 양상: 완전 등가 (totale aquivalenz)
둘째 번역 양상: 근사 등가 (approximative aquivalenz)
셋째 번역 양상: 영 등가 (zero-aquivalenz)
넷째 번역 양상: 일대다 등가 (one-to-many aquivalenz)

위의 네 개의 번역 분류는 한국어 의성·의태어와 그에 대응하는 중국어 번역의 의미가 동일하다는 것을 전제로 한다. 이와 동시에 형태 방면에서 한국어와 중국어의 공통점과 차이점을 고려한 분류이다. 즉 상기 선정한 어휘는 중국어로 번역해서 그와 대응 양상에 따라 4가지 유형으로 분류하였고 각각 '완전 등가', '근사 등가', '영 등가', '일대다 등가'로 나누었다. 자세히 설명하면 다음과 같다.

첫째는 한국어와 중국어가 1:1로 대응되는 경우로, 이는 '완전 등가'라 할 수 있다. 예를 들어 한국어에서 '갈래갈래'는 「표준국어대사전」에서는 '여러 가닥으로 갈라지거나 찢어진 모양'으로 풀이하고 있는데, 이는 중국어 '一条一条'와 거의 일치하는 것으로 간주할 수 있다.

둘째는 형식적 측면이 달라도 내용이 같은 경우로, 이는 '근사 등가'라 할 수 있다. 예를 들어 한국어 의성어 '개굴개굴'은 「표준국어대사전」에서는 '개구리가 잇따라 우는 소리'로 풀이 하고 있는데, 이는 한·중 사전에서 모두 '(蛙鳴)呱呱'(개구리가 잇따라 우는 소리)로 등재되어 있다. 이들은 다음 예문에 충분히 적용이 가능한 것으로 판단된다.

예) 저녁이면 개구리들이 개굴개굴 요란히 울어댄다.
　　一到晚上，青蛙就呱呱地阵阵聒噪。

셋째는 하나의 한국어 의성·의태어를 여러 가지 의미의 중국어로 번역할 수 있는 경우로, '일대다 등가'라 할 수 있다. 예를 들어 의태어 '오락가락'은 3가지 의미를 갖는데, 한·중사전을 보면 의미마다 대응하는 중국어가 달리 제시되

---

[1] 본 연구에서 사용한 번역 등가 이론의 의성·의태어에 대한 분류는 (김영란, 2015)의 논문에 나오는 분류 방법을 참고한 것이다.

어 있다.

> 예) 가. 바다에는 유람선 몇 척이 <u>오락가락</u>하고 있었다.
>   大海上有几艘游船<u>来来去去</u>。
>   나. 그 사람은 정신이 <u>오락가락</u>한다.
>   那个人精神<u>恍惚</u>。
>   다. 눈이 <u>오락가락</u>하고 바람이 불어 체감온도가 영하 10도는 되는 듯하다.
>   雪<u>断断续续</u>地，还吹着风，体感似乎到了零下10度。

넷째는 특정한 소리나 모양새를 나타내는 한국어 의성·의태어에 정확하게 대응하는 중국어가 없는 경우로, 이는 '영 등가'라 할 수 있다. 한국어가 표음 문자인 관계로 표의 문자인 중국어보다 의성이나 의태의 표현이 훨씬 더 발달 되었다. 반면에 중국어의 의성·의태어는 대부분 개괄적이고 여러 가지 소리나 모양새를 한정된 단어 몇 개로 두루뭉술하게 표현하여 소리와 소리 간의 경계가 뚜렷하지 않다. 예를 들어 의성어 '칙칙폭폭'은 '증기 기관차가 연기를 뿜으면서 달리는 소리'라는 의미로서, 한·중 사전에서 '轰隆轰隆'으로 번역하고 있다. 중국어에서의 굵고 큰 소리의 의성어에는 '轰隆轰隆, 轰隆隆'이 있는데 흔히 차 시동 거는 소리나 천둥소리, 대포 소리 등에 동일하게 쓰인다. 그러나 한국어에서는 오토바이, 승용차가 시동거는 소리는 '부릉부릉/부르릉', 천둥치는 소리는 '우릉우릉/우르릉', 대포 소리는 '쿵쿵/쾅쾅/퉁퉁/쿵쿵쾅쾅'으로 구별 하여 쓰인다.

학습자가 목표언어로 의사소통을 시도할 때, 의사전달을 성공적으로 수행하기 위해 자신이 지닌 언어지식을 활용하려고 한다. 이 때 사용되는 언어지식 이라는 것은 목표언어에 관련된 지식이 독립적으로 따로 떨어져 존재하는 것이 아니라 보다 통합적으로 모국어를 포함하는 자신의 인지체계 전반에 호소 하게 된다. 새로운 지식이나 문제 해결을 위해 기존의 학습된 체계가 영향을 주게 되는 현상, 즉 학습 전이는 인간의 심리체계의 기본 원리라고 할 수 있으며, 그 중에서도 언어 사용에 있어서 외국어 사용시 모국어가 영향을 끼치는 전이가 일어나는 것은 자명하다. 목표 언어와 모국어가 유사하다면 긍정적 전이현상이 일어날 수 있으나, 두 언어의 차이가 크면 간섭현상, 다시 말해 부정적 전이가 나타난다(한민주, 2008). 오랫동안 많은 학자들이 대조분석 접근 법을 통하여 모국어의 부정적 전이와 관련된 문제들을 해결하고자 하였다. 대조분석 접근법은 단순히 두 언어를 대조함으로써 학습자가 어려움을 겪는 부분을 예측한다. 따라서 학습자가 느끼고 있는 목표언어에 대한 상대적인 난이도를 예측하기가 힘들다. 예를 들면, 한국어에는 조사가 있는 반면에 중국어에 는 조사가 없으므로 중국인 학습자는 한국어 조사를 이해하는 데 많은 어려움이 있을 것이라는 것을 대조분석 접근법을 통해 예측할 수 있다. 반면에 의성·의태어는 중국어와 한국어 모두에 존재한다. 어떠한 의성·의태어가 중국인이 배우기에 용이하고 어떠한 의성·의태어가 상대적으로 어려운지에 대한 판 단의 기준이 필요하다.

이에 따라 본 논문은 번역 등가 이론으로 선정한 의성·의태어들을 일일이 번역한 후 네 가지의 유형으로 구분했다. 이는 완전 등가, 근사 등가, 영 등가, 일대다 등가이다. 그렇다면 이 네 가지 번역 유형 가운데 학습자들이 학습하기에 가장 쉬운 것은 무엇일까? 그리고 가장 어렵다고 느끼는 것은 무엇일까? 이를 뒷받침할 만한 근거로서 다음과 같은 박용삼(2003)의 말을 정리하면 다음과 같다.

일대일 대응이란 출발어 표현과 목표어 표현이 다른 잠재적 등가 없이 일치하는 경우이다. 출발어와 목표어 표현 사이에 모두 일대일 대응관계가 성립된다면 번역상 아무런 어려움이 없다. 일대영등가란 출발어 표현이 목표어의 어휘체계 내에서 대응어가 없는 경우이다. 이러한 경우에는 번역가는 번역본에서 이러한 대응어가 없는 자리들을 적절한 방법에 의해서 추론해야 할 의무를 가지고 있다. 일대다수 대응은 출발어 표현이 목표어에서 다수로 나타나는 경우이다. 일대다수의 대응 관계는 텍스트 계층에서 다음과 같은 유형으로 분류할 수 있다. 첫째, 대응관계에 있는 어휘 중 어느 것을 선택해야 할 것인지가 그 텍스트의 문맥관계로 인해 분명한 경우이다. 둘째, 텍스트의 문맥상 대응 관계에 있는 어휘 중 어느 것을 선택해야 할 것인지를 알 수 없는 경우에는 번역가 스스로 판단에 따라서 적절한 어휘를 선택해야 한다. 근사 등가와 관련된 묘사는 없지만 앞의 내용들을 종합하여 네 가지 의성·의태어 유형들의 난이도에 관하여 다음과 같은 합리적 판단을 내릴 수 있다.

(1) 완전 등가──근사 등가──영 등가──>일대다 등가
　　低난이도────────->高난이도

다음 절에서는 이상의 네 가지 의성·의태어 유형들의 난이도에 대해 더욱 확실히 검증하기 위해 20명의 학생들을 대상으로 실험조사를 진행하고자 한 다. 만약 실험 결과가 위에서 제시한 이론 근거와 다르다면 조사 대상의 수와 조사 기간을 늘리고 범위를 더 넓혀서 조사를 진행하여 난이도 순서에 대해 확실히 검증할 것이다. 만약 실험 결과와 이론 근거가 일치한다면 의성·의태 어의 난이도는 이론적 근거에서 제시된 순서와 일치하는 것이다.

2.3.2.2 난이도 측정과 분석

그 동안 한국어의 의성·의태어들이 외국인 한국어 학습자들에게 습득하기 어려운 것으로 인식되었다. 앞서 살펴본 바대로 적절한 학습 방법과 교수 방법을 찾지 못해서 학습에 어려움을 겪고 있는 것이다. 따라서 한국어 교육에서 체계적인 의성·의태어 학습이 이루어지기 위해서는 학습에 필요한 단계별 의성·의태어 선정이 필요하다. 학습자의 수준에 맞는 의성·의태어를 단계에 따라 제시해야 적절한 학습 방법을 고안할 수 있다고 본다. 그러므로 중국인 학습자 입장에서 어떤 것이 어렵고 어떤 것이 쉬운지, 즉 난이도를 살펴볼 필요가 있다. 따라서 앞 절에서 분류한 네 유형의 의성·의태어에 대한 이해 능력에 대해 조사하고자 한다. 본 조사는 중국 4년제 대학교인 煙台N대 에서 이루어졌다. 한국어를 전공하는 3학년 학생 10명과 4학년 학생 10명 총 20명을 대상으로 하였다. 학습자가 모두 중국어를 모국어로 하는 한족이고 나이는 20-23세 사이이다. 한국어능력시험(TOPIK) 등급 취득 상황을 보면 4학년 학생 10명중 7명이 4급 이상을 취득했고 3학년 학생은 대부분 TOPIK 등급이 없다. 피험자가 현재 수강하고 있는 한국어 수준을 고려하여 3학년 학생을 중급 그룹으로 4학년 학생을 고급 그룹으로 정하였다. 구체적인 피험자의 정보는 다음과 같다.

<표 17> 난이도 측정 피험자 정보

구분	피험자	나이	학년	TOPIK 등급
중급	김우함	21	3	—
	동려려	21	3	—
	모현어	20	3	—
	부기혜	22	3	—
	송복금	21	3	—
	오신우	20	3	—

2. 한국어 교재와 의성·의태어

구분	피험자	나이	학년	TOPIK 등급
	유연	22	3	3
	왕연	21	3	―
	왕전전	20	3	―
	조몽요	22	3	―
고급	두일비	22	4	―
	오군정	23	4	4
	이하	22	4	5
	왕전교	23	4	5
	장림림	22	4	
	장위	23	4	5
	주정	23	4	4
	증옥미	23	4	4
	풍화강	23	4	―
	황엄혜	22	4	4

이 조사는 두 부분으로 나누었다. 첫째 부분은 중국어 대역 쓰기와 의성·의태어 난이도 판단으로 구성한다. 각 유형의 의성·의태어를 제시하고 피험자에게 먼저 의성·의태어에 대응하는 대역어를 쓰게 하고 다음에 목표 의성·의태어의 학습 난이도를 판단하게 한다. 난이도 정도는 '어렵다', '어려운편이다', '보통이다', '쉬운 편이다', '쉽다' 5단계로 선정한다. 각 유형별 의성·의태어 4개씩 총 16개를 선택하며 출제 예시는 다음과 같다.

의성·의태어-중국어 어휘	어렵다	어려운 편이다	보통이다	쉬운 편이다	쉽다
개굴개굴-( )					

둘째 부분은 번역형 문제이다. 목표 의성·의태어가 문장에서 무슨 뜻인지 목표 단어에 대한 이해 정도를 측정하기 위해서 번역하게 하는 것이다. 번역형 문제는 제1부분의 부족을 보완하기 위해 설정한다. 제1부분의 대역어 쓰기를 통

해서도 의성·의태어의 의미 이해 여부를 관찰할 수 있지만 얻은 결과물이 주관적일 수밖에 없고 학습자들이 스스로 이해도와 표현할 때 나타난 이해 오류가 서로 다를 수도 있다. 그러므로 조사1만으로는 이해도를 결정하기 어려워 중국인 학습자들이 의성·의태어의 사용 능력을 측정하는 도구로 번역형 문항을 사용하였다. 번역형 문항은 16개로 구성하며 20명 학습자들에게 조사2를 실시하였다. 이 절에서는 중국인 학습자들의 오류 양상과 오류 유형을 밝히고 실제 사용할 때 자주 나타나는 오류를 분석하여 16개의 의성·의태어의 사용 능력을 측정하고자 한다.

중급과 고급 학습자를 각각 10명씩 대상으로 하여 실험을 실시한 결과 크게 두 부분으로 나누었다. 하나는 중·고급 학습자의 실험으로 각 유형별 의성·의태어의 난이도를 판단한 결과이다. 또 하나는 각 유형별 의성·의태어의 오답 개수 결과이다. 전자를 통해서는 학습자가 각 유형별 의성·의태어 학습의 난이도에 대한 인식을 파악할 수 있고 후자를 통해서는 중·고급 학습자에게 각 유형별 의성·의태어 난이도가 실제적으로 어떻게 드러나는지 알 수 있다. 이 두 가지 결과를 대조하여 중국인 학습자가 어렵게 생각하는 의성·의태어유형이 실제로 학습하기 어려운 유형과 같은지 또는 무슨 차이가 있는지를 확인할 수 있다.

(1) 학습자의 각 유형별 의성·의태어 학습 난이도 판단 결과

조사1에서 난이도는 5단계로 나누었고 어려운 단계일수록 높은 점수를 배치하고 쉬운 단계일수록 낮은 점수를 배치한다. 각 단계별 점수는 '쉽다'는 1점, '쉬운 편이다'는 2점, '보통이다'는 3점, '어려운 편이다'는 4점, '어렵다'는 5점으로 한다. 점수가 높을수록 학생이 난이도를 높게 판단한다는 것으로 본다. 학습자의 난이도 판단 결과를 보면 다음과 같다. '완전 등가' 의성·의태어를 ① 로, '근사 등가' 의성·의태어를 ② 로, '영 등가' 의성·의태어를 ③ 로, '일대다등가' 의성·의태어를 ④로 표시한다.

<표 18> 학습자의 각 유형별 의성·의태어에 대한 난이도 판단 결과

	①	②	③	④
중급반	78	87	134	128
고급반	48	68	76	98

각 유형별 의성·의태어 학습 난이도가 그룹별로 다르게 나타나며 중급반은 "①<②<④<③" 순서로 나타나고, 고급반은 "①<②<③<④" 순서로 나타

2. 한국어 교재와 의성·의태어

난다. 판단된 각 유형별 의성·의태어 난이도 순서를 보면 중급반 학습자들은 '완전 등가' 의성·의태어가 제일 난이도가 낮다고 생각한다. 그 다음 '근사 등가', '영 등가' 의성·의태어가 제일 난이도가 높다고 생각한다. 고급반 학습자들은 '완전 등가'와 '근사 등가' 의성·의태어에 대한 판단은 중급반과 같다. 똑같이 '완전 등가' 의성·의태어가 제일 난이도가 낮고 그 다음 '근사 등가' 의성·의태어라고 한다. '일대다 등가' 의성·의태어를 제일 난이도가 높게 생각한다.

(2) 오류 개수를 통한 학습자의 각 유형별 의성·의태어 학습 난이도 분석

학습자의 각 유형별 의성·의태어 난이도 판단에 개인 주관적인 요소가 있으며 학습자가 의성·의태어 난이도에 대한 어떤 인식을 갖고 있는지는 설명이 되지만 의성·의태어의 학습 난이도를 객관적으로 설명할 수는 없다. 다음 각 유형별 의성·의태어의 오답 분석을 통해 학습자의 각 유형별 의성·의태어 난이도를 파악하도록 하겠다.

본 설문 조사를 중·고급 학습자 중심으로 하고 등급 학습자의 어휘량 차이로 인한 부정적 영향을 피하기 위해 조사 설문지를 학습자의 수준을 고려하여 어휘 등급에 따라 중급 설문지와 고급 설문지로 만들었다. 연구 결과는 중급 학습자가 중급 설문지와 고급 설문지를 작성한 결과와 고급 학습자가 중급 설문지와 고급 설문지를 작성한 결과로 총 4개이다. 일목요연하게 나타내기 위해 중급 학습자가 중급 설문지를 작성한 결과를 A로, 중급 학습자가 고급 설문지를 작성한 결과를 B로, 고급 학습자가 중급 설문지를 작성한 결과를 C로, 고급 학습자가 고급 설문지를 작성한 결과를 D로 표시한다. '완전 등가' 의성·의태어를 ①로, '근사 등가' 의성·의태어를 ②로, '영 등가' 의성·의태어를 ③로, '일대다 등가' 의성·의태어를 ④로 표시한다. 각 유형별 의성·의태어의 오답 개수를 정리하면 다음과 같다.

<표 19> 각 유형별 의성·의태어의 오답 개수 정리

	①	②	③	④
A	1	2	5	5
B	2	4	6	7
C	0	0	3	4
D	0	0	4	5

각 유형별 의성·의태어 오류 개수 순서는 다음과 같다.

A: ①<②<③=④
B: ①<②<③<④
C: ①=②<③<④
D: ①=②<③<④

위와 같은 오답 개수 결과를 보면 '완전 등가' 의성·의태어 오답 개수가 각 유형별 의성·의태어 중 제일 적다. 조사 1과 2의 결과를 보면 주관적 판단이건 객관적 조사이건 '완전 등가' 의성·의태어는 각 반의 학습자들에게 있어 난이도가 낮으며, '완전 등가' 의성·의태어를 제일 쉬운 의성·의태어 유형으로 본다. 다음 '근사 등가' 의성·의태어도 비교적 간단하다. 중급 단계 학생들의 '일대다 등가' 의성·의태어가 '영 등가' 의성·의태어보다 간단한 이유는 '일대다 등가' 의성·의태어가 의미 항목이 많고, 대체로 중급 단계에서 나타나는 '일대다 등가' 의성·의태어가 '핵심의미'로 나타나며, '영 등가' 의성·의태어는 중국어에서 등가적으로 번역되는 단어가 없어서 중국 학생들에게 있어 아주 낯선 어휘이기 때문이다. 사용할 때 더욱더 그 뜻을 추측할 수 없기 때문에 '영 등가' 의성·의태어를 '일대다 등가' 어휘보다 어렵게 여긴다. 그러나 한국어 수준이 올라감에 따라 학생들은 '영 등가' 어휘를 학습한 후 충분히 그 뜻을 이해해서 '영 등가' 의성·의태어도 점점 쉬워진다. 고급반의 조사 1과 2 결과는 거의 비슷하게 나오고 있고 조사 1에서 순서는 ①<②<③<④ 이고 조사 2 는 ①=②<③<④이다. 이런 차이점이 나온 이유는 고급반이 '완전 등가'와 '근사 등가' 의성·의태어의 용법을 완전히 파악했기 때문이다. 주관적으로 판단할 때 해당 의성·의태어가 "쉽다"에 속하는지 "쉬운 편이다"에 속하는지 는 비교한 후 답한 거라서 점수에 차이가 있다. 그러나 '완전 등가'와 '근사 등 가' 의성·의태어를 실제로 사용할 때 고급반 학습자는 틀리는 일이 없다는 점을 알 수 있다. 각 유형별 의성·의태어 오류 개수를 합치면 순서는 다음과 같다.

A+B+C+D: ①<②<③<④

각 유형별 의성·의태어 오답 개수로 난이도를 유추할 수 있으며, 각 유형별 의성·의태어의 유형별 순서를 난이도 순서로 봐도 된다고 생각한다. 따라서 학습자들이 한국어를 배울 때 느꼈던 난이도로 이해 능력을 조사한 결과는 다음과 같다. 이해하기 쉬운 것부터 어려운 것까지의 순서로 정리한다.

완전 등가 < 근사 등가 < 영 등가 < 일대다 등가

실험 결과와 이론적 근거는 일치하였다. 따라서 번역 등가 이론을 이용해 의

2. 한국어 교재와 의성·의태어

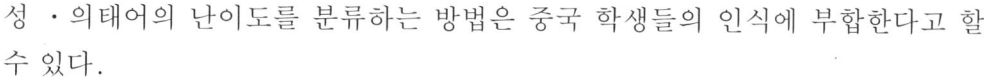

성·의태어의 난이도를 분류하는 방법은 중국 학생들의 인식에 부합한다고 할 수 있다.

2.3.2.3 난이도에 따른 의성·의태어의 분류

이 절에서는 선정된 교육용 의성·의태어의 중국어 번역 양상을 분석·분류한다. 분석 과정에서는 의미 등가의 전제하에 의성·의태어들이 어떻게 서로 다른 번역 양상으로 분류되는지 살펴본다. 본고에서 제시하는 의성·의태에 대응하는 중국어는 두 가지 출처를 가진다. 하나는, 한·중 사전에 등재된 번역이고 다른 하나는 설문 조사를 통해 얻은 번역이다. 본고에서 이용할 한·중 사전은 네이버(Naver)의 '중국어사전'과 중국어 사이트인 바이두(百度)의 '바이두 백과(百度百科)'에 나온 예들을 근거로 한다.

이러한 작업을 거쳐 최종 선정된 의성·의태어는 223개이다. 이것들 중 완전 등가에 해당하는 의성·의태어는 10개, 근사 등가에 해당하는 의성·의태어는 37개, 영 등가에 해당하는 의성·의태어는 38개, 일대다등가에 해당하는 의성·의태어는 138개이다. 표로 제시하면 다음과 같다.

<표 20> 번역 양상에 따른 의성·의태어 목록

번역 양상	의성·의태어	개수
완전 등가	갈래갈래, 끙끙, 당당, 따르릉, 쉿, 엉엉, 점점, 하하, 허허, 헤헤	10
근사 등가	갈팡질팡, 개굴개굴, 깡충깡충, 껑충, 고래고래, 구불구불, 글썽글썽, 끄덕, 두근두근, 뒤죽박죽, 들쑥날쑥, 듬성듬성, 방긋방긋, 부랴부랴, 비슷비슷, 빙그레, 뾰족뾰족, 살금살금, 새콤달콤, 성큼성큼, 시들시들, 싱글벙글, 싱글싱글, 씩씩, 아장아장, 알록달록, 울긋불긋, 울퉁불퉁, 안달복달, 얼룩덜룩, 오순도순, 올록볼록, 움푹, 이러쿵저러쿵, 주저주저, 쭈글쭈글, 콜록	37
영 등가	고래고래, 곰곰, 꼬깃꼬깃, 꼼꼼, 꼼짝, 꾸벅꾸벅, 꿈쩍, 덥석, 딸깍딸깍, 뚜벅뚜벅, 머뭇머뭇, 무뚝뚝, 멈칫, 섬찟섬찟, 수군수군, 시끌벅적, 싱숭생숭, 아등바등, 어정쩡, 어흥, 어마어마, 엉금엉금, 오톨도톨, 옥신각신, 와들와들, 우물쭈물, 옹기종기, 조곤조곤, 지싯지싯, 질겅질겅, 촉촉, 칙칙폭폭, 티격태격, 터벅터벅, 할금할금, 허겁지겁, 허둥지둥, 흠칫흠칫	38

번역 양상	의성·의태어	개수
일대다 등가	가득, 꽉, 깜박, 깜빡, 깜짝, 건들건들, 껑충, 꼬르륵, 꼬박꼬박, 꼬치꼬치, 꼭꼭, 꽁꽁, 꾸역꾸역, 꾹, 꿀꺽, 꿈틀꿈틀, 기웃기웃, 느릿느릿, 다닥다닥, 담뿍, 따끔, 딱, 땡땡, 도란도란, 동동, 또박또박, 똑똑, 똑딱, 뚝, 뚝뚝, 들락날락, 들썩들썩, 듬뿍, 띄엄띄엄, 말랑말랑, 모락모락, 멀뚱멀뚱, 무럭무럭, 문득, 물씬, 바삭바삭, 바싹바싹, 반짝, 반짝반짝, 버럭, 번쩍, 벌떡, 벌벌, 벌컥벌컥, 뻘뻘, 뻥, 보글보글, 부글부글, 부르르, 불쑥, 부쩍, 빙빙, 사뿐사뿐, 살랑살랑, 쌀쌀, 새근새근, 새록새록, 싹, 선뜻, 설렁설렁, 속속, 썩, 쏙, 쏠쏠, 술술, 쑥, 슬쩍슬쩍, 슬슬, 쓱, 시시콜콜, 아기자기, 아삭아삭, 우뚝, 우르르, 우왕좌왕, 언뜻, 오락가락, 올망졸망, 와락, 움찔움찔, 으쓱, 졸졸, 주룩주룩, 주섬주섬, 질끈, 주렁주렁, 줄줄, 지그시, 질질, 짝, 쨍쨍, 쩍, 쭈뼛쭈뼛, 쭉, 찌뿌드드, 찡, 차차, 차근차근, 차곡차곡, 척척, 출렁, 콩닥콩닥, 쿨쿨, 쿵쿵, 쾅, 탁, 터덜터덜, 텅, 털썩, 툭, 퉁퉁, 팔짝팔짝, 퍼뜩, 펄펄, 펑펑, 폭, 폭폭, 풍풍, 핑, 헉헉, 확, 활활, 활짝, 홱, 획, 후루룩, 훌쩍, 훨훨, 흔들흔들, 흠뻑, 흥청망청, 희끗희끗, 힐끗	138

2.4 한국어 교재의 설계

교재를 개발하기 위해서는 먼저 학습자의 요구가 무엇인지를 조사하고 교육 환경이 어떠한지를 살펴봐야 한다. 그 다음으로는 교수요목을 작성함으로써 교재 전체의 구성을 설계하고 이러한 설계와 단원 구성의 원리에 따라 각 단원의 구성을 설정하고 집필해야 한다. 그 후에는 교재를 출판하기 전에 학습자들에게 시험적으로 사용하여 장점과 단점을 파악하고 단점을 보완하여 교재를 완성한다(서종학 외, 2007). 이러한 내용을 살펴보면 교재 개발은 매우 전문적이고 체계적인 활동임을 알 수 있다. 그러나 본 연구에서는 기존 교재에서 의성·의태어 교육의 문제점을 보완하는 방안을 모색해보는 것이 목적이므로 이러한 교재 개발 단계를 모두 따르지 않고 초·중·고급 각 단계에 한 단원의 실제를 제시하고자 한다.

2. 한국어 교재와 의성·의태어

앞서 한·중 양국에서 대표성이 있는 한국어 교재를 분석하였으며, 중국인 대학생인 한국어 학습자 및 현지 대학 한국어 교사의 요구조사를 하였다. 또한 세 단계의 과정을 거쳐 중국인 학습자들을 위한 교육용 의성·의태어를 선정하고, 설문조사를 통하여 중국인 학습자가 느끼는 난이도를 조사하였다. 이를 통해 현재 중국 내 대학교에서 사용 중인 한국어 교재가 현지 상황과 특징 및 교재 사용자의 요구와 조건에 적합하지 않다는 것을 알 수 있었는데, 본 절에서는 사용자 및 현지의 조건을 고려한 중국인 한국어 학습자를 위한 대학용 한국어 교재 개발 방안을 제시하고자 한다.

2.4.1 한국어 교재의 의성·의태어 개선방안

첫째, 선정된 교육용 의성·의태어들을 난이도에 따라 초·중·고급으로 분류해야 한다.

둘째, 설문조사에 있는 '의성·의태어를 학습할 때 힘든 점이 무엇입니까?' 라는 질문에 대하여, 초·중·고 세 단계의 학습자들은 모두 '사용해 볼 기회가 없었다'고 응답했다. 중국 현지에서 한국어를 공부하는 학습자의 입장에서, 한국인과 대화할 기회가 없거나 적다는 점은 한국어 실력의 향상에 있어서 큰 장애물이다. 그래서 의성·의태어를 연습하는 과정에서 어휘 사용 환경이 충분히 제공돼야 한다. 이것은 중국 현지의 교재를 설계할 때, 어휘 활용 능력을 향상시키는 측면에서 매우 중요한 부분이다.

셋째, 초·중·고 각 단계 학습자들의 한국어 수준은 각기 다르고, 학습에 대한 요구사항에도 큰 차이가 있다. 그러므로 교재 설계를 할 때, 매 단계마다 서로 다른 방법을 취해야 한다. 요구사항에 대한 조사 결과에 따라서 초급 단계에서는 의성·의태어의 개념에 대한 소개를 중점으로 하고, 중급 단계에서는 전래동화, 드라마 같은 한국문화와 관련이 있고 학생들이 흥미를 가지는 교재를 최대한 선택한다. 고급 단계에서는 작문 능력의 향상에 중점을 둔다.

넷째, 의성·의태어의 종류는 다양하고, 그 형태가 복잡하다. 이에 매 단원 마다 나오는 의성·의태어가 갖고 있는 내재적인 의미를 기준으로 분류하는 것이 적당하다고 본다. 그 후에 교재의 각 단원 주제에 따라서, 해당 단원 주제와 관련 있는 부분을 선택하여 각 단원 안에 포함시킨다. 초급 단계는 한 단원에 5개의 단어를 넘지 않도록 하고, 중급 단계는 10개 내외, 고급부분은 10~15개의 단어로 구성한다.

다섯째, 초·중급 단계에 해당하는 부분의 어휘·문법을 제시할 때는 중국어 설명도 같이 제공할 것이다.

2.4.2 교재의 단계별 단원 구성

교재는 단원을 기본 단위로 하여 구성되고 실제 수업도 이 단원을 중심으로 이루어진다.

앞 절에서 교육용 의성·의태어 목록 선정 과정에서 중국인 학습자가 느낀 난이도를 구체화하였는데, 이를 위해 등가 번역 이론을 적용하여 의성·의태어를 네 가지 유형('완전 등가', '근사 등가', '영 등가', '일대다 등가')으로 분류하고 중국인 학습자를 대상으로 난이도 조사 결과를 참고해서 한국어 교재에서 초, 중, 고급 단계별로 배분해야 한다. 번역 유형에 따라 난이도를 정하고 쉬운 것부터 가르치는 것이 학습자 중심의 교육이라 할 수 있으며 이렇게 하는 것이 학습자의 이해 능력을 충분히 배려하는 방법이라 할 수 있다. 한국어 교육에서는 일반적으로 한국어 수준을 초급, 중급, 고급으로 구분하고 있다. 교육 단계에 알맞은 난이도의 의성·의태어를 적절한 등급의 교재에 배치하여 체계적인 교수 학습이 이루어질 필요가 있다. 네 가지 유형의 번역 가운데 초급 단계에 적합한 것은 완전 등가 번역과 근사 등가 번역에 속하는 의성·의태어들이다. 그 이유는 완전 등가 번역 유형에 포함되는 의성·의태어들은 한국어 번역과 중국어 번역의 형태가 유사한 편이고, 근사 등가 번역 유형에 포함되는 의성·의태어들은 한국어와 중국어 번역에 있어서 형태상의 차이점 도 존재하지만 동시에 유사점도 가지고 있기 때문이다. 이러한 유사점들로 인하여 학습자가 이 두 가지 번역 유형에 속하는 의성·의태어들에 대응되는 학습자의 모국어 형식을 제공받게 되면 용이하게 이해할 수 있다.

영 등가 번역 유형은 한국어 의성·의태어와 그에 대응되는 중국어 표현의 형식이 전혀 다르다. 표현의 대상은 동일하지만 한국어와 중국어가 그 대상을 표현하는 방식이 확연히 다르다는 것을 볼 수 있다. 난이도에 대한 조사 결과에 근거하여 이러한 특성을 가지고 있는 영 등가 번역 유형에 속하는 의성·의태어들은 중급 학습 단계에 선택적으로 학습하는 것이 적절하다고 할 수 있다. 표현상의 차이가 분명히 존재하기 때문에 모국어 해석이나 시각적인 해석 등의 별도의 준비가 요구된다.

고급 학습 단계에서 선택적으로 학습할 수 있는 번역 유형은 일대다 등가 번역 유형이다. 일대다 등가 번역 유형에 속하는 모든 의성·의태어들은 두 개 이상의 의미를 가지고 있다. 또한 경우에 따라서 두 개 이상의 형태로 번역되기도 한다. 그리고 내용상 문맥에 의한 제약을 받는 경우가 많고, 또한 다른 세 가지 번역 유형이 포함되는 경우도 존재한다. 따라서 외국인 학습자가 이 유형의 의성·의태어를 학습하기 위해서는 문맥을 파악하여 복수의 의미 중에서 적합한 의미를 찾아 이해해야 하기 때문에 일대다등가 번역 유형의 의성·의태어는 고급 학습 단계에서 다루는 것이 적합하다. 다만, 난이도 조사 결과에 따르면, 일대다 등가 어휘 중에서 중국어와 유사한 등가의 의미항목은 상황에 따라 중급 단계 학습에서 사용하는 것을 선택할 수도 있다. 이러한 상황을 '보글보글'이라는 의성·의태어를 예로 들어 설명하자면, 「표준국어대사전」에 나오는 '보글보글'의 세 가지 의미는 다음과 같다.

「1」 적은 양의 액체가 잇따라 야단스럽게 끓는 소리. 또는 그 모양.
「2」 잇따라 작은 거품이 일어나는 소리. 또는 그 모양.
「3」 머리카락 따위가 짧게 꼬부라져 잇따라 뭉쳐 있는 모양.

그중에 「1」의 의미는 중국어 '咕嘟咕嘟'와 완전히 대응된다. 앞에 있는 난이도 조사의 조사2에서 볼 수 있듯이 중급 단계 학생들은 일대다 등가 의성·의태어의 난이도를 판단할 때 중국어와 같거나 비슷한 의미 항목에 대해서 간단한 편이라고 생각한다.

따라서 일대다 등가 어휘에 대해 분석할 때 중국어와 완전히 대응되는 의미의 의성·의태어들이 중급 단계에 나오도록 배분할 수 있다. 이는 난이도 조사의 결과에 부합하는 방법이며 학생들이 고급 단계에서 해당 유형의 어휘가 가지고 있는 다른 의미를 접하게 될 때 익숙하게 느껴지도록 할 수 있다. 특히 이미 알고 있는 의미에 대한 학습을 통해 다른 의미에 대해 합리적인 추측을 할 수 있다. 이는 일대다 등가 어휘를 더욱 잘 활용한 학습이라고 할 수 있다. 이와 같은 방법으로 최종 선정된 의성·의태어를 등급화하여 표로 제시하면 다음<표 21>과 같다.

<표 21> 등급별 교육용 의성·의태어 목록

등급	의성·의태어
초급	갈래갈래, 끙끙, 댕댕, 쉿, 엉엉, 점점, 하하, 허허, 헤헤, 개굴개굴, 구불구불, 글썽글썽, 깡충깡충, 끄덕, 두근두근, 뒤죽박죽, 들쭉날쭉, 듬성듬성, 따르릉, 방긋방긋, 부랴부랴, 비슷비슷, 빙그레, 뾰족뾰족, 살금살금, 새콤달콤, 성큼성큼, 시들시들, 싱글벙글, 싱글싱글, 씩씩, 아장아장, 안달복달, 알록달록, 얼룩덜룩, 오순도순, 올록볼록, 울긋불긋, 울퉁불퉁, 움푹, 이러쿵저러쿵, 주저주저, 쭈글쭈글, 콜록
중급	고래고래, 곰곰, 꼬깃꼬깃, 꼼꼼, 꼼짝, 꾸벅꾸벅, 꿈쩍, 덥석, 딸깍딸깍, 뚜벅뚜벅, 머뭇머뭇, 멈칫, 무뚝뚝, 섬찟섬찟, 수군수군, 시끌벅적, 싱숭생숭, 아등바등, 어마 어마, 어정쩡, 어흥, 엉금엉금, 오톨도톨, 옥신각신, 옹기종기, 와들와들, 우물쭈물, 조곤조곤, 지싯지싯, 질겅질겅, 촉촉, 칙칙폭폭, 터벅터벅, 티격태격, 할금할금, 허겁지겁, 허둥지둥, 흠칫흠칫
고급	가득, 건들건들, 기웃기웃, 깜박/깜빡, 깜짝, 껑충, 꼬르륵, 꼬박꼬박, 꼬치꼬치, 꼭꼭, 꽁꽁, 꽉, 꾸역꾸역, 꾹, 꿀꺽, 꿈틀꿈틀, 느릿느릿, 다닥다닥, 담뿍, 도란도란, 동동, 들락날락, 들썩들썩, 듬뿍, 따끔, 딱, 땡땡, 또박또박, 똑똑, 똑딱, 뚝, 뚝뚝, 띄엄띄엄, 말랑말랑, 멀뚱멀뚱, 모락모락, 무럭무럭, 문득, 물씬, 바삭 바삭, 바싹바싹, 반짝, 반짝반짝, 버럭, 번쩍, 벌떡, 벌벌, 벌컥벌컥, 보글보글, 부글부글, 부르르, 불쑥, 부쩍, 빙빙, 뻘뻘, 뺑, 사뿐사뿐, 살랑살랑, 새근새근, 새록새록, 선뜻, 설렁설렁, 속속, 술술, 슬슬, 슬쩍슬쩍, 시시콜콜, 싹, 쌀쌀, 썩, 쏙, 쏠쏠, 쑥, 쓱, 아기자기, 아삭아삭, 언뜻, 엉엉, 오락가락, 올망졸망, 와락, 우뚝, 우르르, 우왕좌왕, 움찔움찔, 으쓱, 졸졸, 주렁주렁, 주룩주룩, 주섬주섬, 줄줄, 지그시, 질끈, 질질, 짝, 쨍쨍, 쩍, 쭈글쭈글, 쭈뼛쭈뼛, 쭉, 찌뿌드드, 찡, 차곡차곡, 차근차근, 차차, 척척, 출렁, 캄캄, 콩닥콩닥, 쾅, 쿨쿨, 쿵쿵, 탁, 터덜터덜, 털썩, 텅, 툭, 통통, 팔짝팔짝, 퍼뜩, 펄펄, 펑펑, 풍풍, 푹, 푹푹, 핑, 헉헉, 화, 활짝, 활활, 홱, 휙, 후루룩, 훌쩍, 훨훨, 흔들흔들, 흠뻑, 흠칫흠칫, 흥청망청, 희끗희끗, 힐끗

원진숙(2000)은 단원의 최상위 구성 원리로 기능하는 주제의 의미와 관련되는 주요 어휘들의 목록을 분류해서 제시함으로써 학습자의 기억망 안에서 보다 용이하게 연합될 수 있도록 해야 한다고 하였다. 따라서 여기서는 선정된 의성·의태어를 의미에 따라 분류할 것이다.

2. 한국어 교재와 의성·의태어

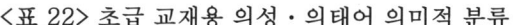

<표 22> 초급 교재용 의성·의태어 의미적 분류

		의성·의태어
소리	사람	끙끙, 쉿, 씩씩, 엉엉, 콜록, 하하, 허허, 헤헤
	동물	개굴개굴
	사물	당당, 따르릉, 쾅
동작		깡충깡충, 끄덕, 부랴부랴, 살금살금, 성큼성큼, 아장아장, 오순도순, 이러쿵저러쿵
표정		글썽글썽, 방긋방긋, 빙그레, 싱글벙글, 싱글싱글
음식 관련		새콤달콤
상태	사람 심리	두근두근, 안달복달, 주저주저
	사물	갈래갈래, 구불구불, 뒤죽박죽, 들쑥날쑥, 듬성듬성, 비슷비슷, 뾰족뾰족, 시들시들, 올록볼록, 울퉁불퉁, 움푹, 쭈글쭈글
	색깔	알록달록, 얼룩덜룩, 울긋불긋
기타		점점

<표 23> 중급 교재용 의성·의태어 의미적 분류

		의성·의태어
소리	사람	뚜벅뚜벅, 수군수군
	동물	어흥
	사물	딸깍딸깍, 칙칙폭폭
동작		고래고래, 꼼짝, 꾸벅꾸벅, 꿈쩍, 덥석, 뚜벅뚜벅, 머뭇머뭇, 멈칫, 수군수군, 시끌벅적, 엉금엉금, 우물쭈물, 조곤조곤, 지싯지싯, 질경질경, 터벅터벅, 티격태격, 할금할금
표정		무뚝뚝
상태	사람	곰곰, 꼼꼼, 섬찟섬찟, 싱숭생숭, 아등바등, 어정쩡, 오순도순, 옥신각신, 와들와들, 허겁지겁, 허둥지둥, 흠칫흠칫
	사물	오톨도톨, 옹기종기, 촉촉
기타		어마어마

<표 24> 고급 교재용 의성·의태어 의미적 분류

		의성·의태어
소리	사람	꼬르륵, 꽁꽁02, 도란도란, 또박또박02, 짝06, 짝08, 쩍03, 쿨쿨02, 털썩, 헉헉, 후루룩, 훌쩍
	동물	꼬르륵, 꽁꽁02, 후루룩
	사물	꽁꽁03, 동동01, 딱01, 땡땡, 똑똑, 똑딱, 뚝01, 뚝뚝01, 바삭바삭, 뺑02, 싹02, 썩02, 아삭아삭, 졸졸, 주룩주룩, 줄줄, 질질, 짝04, 짝05, 쨍쨍01, 쨍, 콩닥콩닥, 쾅, 쿨쿨01, 쿵쿵, 탁, 텅02, 톡01, 통통02, 펑펑01, 펑펑02, 펑펑03, 풍풍01, 풍풍02, 풍풍03, 핑02
동작		기웃기웃, 깜짝, 껑충, 꼬박꼬박, 꼭꼭, 꽉, 꾸역꾸역, 꿀꺽, 꿈틀꿈틀, 느릿느릿, 들썩들썩, 또박또박02, 모락모락, 무럭무럭, 문득, 반짝, 반짝반짝02, 버럭01, 번쩍, 벌떡, 벌벌, 벌컥벌컥, 부글부글, 부르르, 불쑥, 부쩍, 빙빙, 뻘뻘, 사뿐사뿐, 살랑살랑02, 새근새근, 선뜻, 설렁설렁02, 슬슬01, 슬쩍슬쩍, 시시콜콜, 싹, 쓱, 언뜻, 와락, 움찔움찔, 으쓱, 졸졸, 주섬주섬, 지그시, 질끈, 질질, 짝06, 짝08, 쨍쨍03, 쩍03, 쭉, 콩닥콩닥, 탁, 터덜터덜, 털썩, 팔짝팔짝, 펑펑03, 푹, 푹푹, 핑01, 헉헉, 활짝, 활활, 홱, 획, 훌쩍, 훨훨, 흔들흔들, 흠칫흠칫, 힐끗
상태	사람	건들건들, 꼬치꼬치, 꽁꽁01, 꾹, 도란도란, 동동02, 들락날락, 따끔, 땡땡, 또박또박01, 멀뚱멀뚱01, 부글부글, 슬슬02, 쌀쌀03, 오락가락, 아기자기, 올망졸망, 우르르, 우왕좌왕, 주렁주렁, 쭈뼛쭈뼛, 찌뿌드드, 찡, 척척, 출렁, 캄캄, 통통, 퍼뜩, 흥청망청
	사물	가득01, 꽁꽁01, 꽉, 다닥다닥, 담뿍, 들락날락, 들썩들썩, 듬뿍, 딱03, 땡땡, 띄엄띄엄, 말랑말랑, 멀뚱멀뚱02, 바삭바삭, 바싹바싹01, 물씬, 보글보글, 부글부글, 새록새록, 속속, 쌀쌀01, 쏙02, 쑥03, 올망졸망, 우뚝, 짝04, 쩍05, 짝07, 쿨쿨03, 쭈뼛쭈뼛, 쭉, 차곡차곡, 차근차근, 차차, 텅01, 펄펄, 풍풍03, 푹푹, 흠뻑, 희끗희끗
	자연	건들건들, 깜박, 반짝반짝01, 살랑살랑01, 설렁설렁01, 술술, 슬슬01, 쏠쏠01, 졸졸, 주렁주렁, 주룩주룩, 줄줄, 쨍쨍02, 출렁, 캄캄, 확, 활짝, 활활, 홱

    한국어 교재가 어떠한 단원구성 체제를 취하고 있는가의 문제는 한국어 교재의 효율성뿐만 아니라 한국어 수업과정의 질적 측면까지도 결정짓는 가장 중요한 변인이 될 수 있다. 학습자의 학습 심리와 연계된 도입 단계→제시단계→연습 단계→활용단계→정리 단계의 단원 구성 체제는 숙달도 배양을 위한 한국어

2. 한국어 교재와 의성·의태어

교재의 단원 구성 체제에 적합하다.[①]

<초급>

초급 단계에서 학습자에게 '의성·의태어'란 무엇인가, 그 개념을 모국어로 해석하고 의성·의태어의 중국어 번역을 직접적으로 제시하여 이해시키는 것이 필요하다. 초급 학습자에게는 학습에 대한 필요성을 밝히고 흥미를 이끄는 것이 중요하다.

초급 단계의 의성·의태어 부분은 단원의 네 번째 부분(활용 단계 부분)에 넣고, 초급 단계 학습자들이 가장 좋아하는 동영상 형식으로 의성어의 개념을 소개한다. 이때 단원에서 제시하고자 하는 의성·의태어가 포함된 편집영상을 제시한다. 각 영상은 1분 내외로 구성하며, 영상을 편집을 할 때는 의성·의태 어의 의미를 충분히 숙지할 수 있도록 이야기의 배경과 문맥을 고려한다. 초급 단계에서는 학습자들이 의성·의태어와 일반 어휘 사이의 차이를 명확하게 이해할 수 있도록, 의성·의태어를 단독으로 보여주는 수업 방식이 비교적 효과적이다. 그러나 매 단원마다 배치한 의성·의태어는 반드시 해당 단원의 주제와 긴밀하게 연관되어 있어야 한다. 이렇게 하면 의성·의태어를 공부한 후의 연습 과정에서, 의성·의태어와 해당 단원의 전체 학습내용을 서로 결합시킬 수 있고, 학습자들이 의성·의태어의 사용 환경 및 구체적인 용법을 더욱 잘 파악할 수 있다.

초급 수준의 한국어 교재에서 대부분 "가족 소개", "음식", "물건 사기", "교통"과 관련 주제를 공통적으로 다루므로, 여기에서 우리는 "가족 소개" 단원을 예시로 선택했다. 구체적인 단원 예시는 아래와 같다.

(1) 도입 단계

<표 25> 한국어 교재 초급단계 모형

제11과 가족 소개
* 이번 시간에 배울 내용은? ➤ 한국어를 사용해서 가족을 소개할 수 있다. ➤ 높임말을 사용할 수 있다. ➤ 성별에 따라 의성어로 사람의 웃음소리를 묘사할 수 있다.

[①] 本研究中,为呈现拟声拟态词在单元各环节嵌入设计的完整性,所以将整个单元架构展现出来,其中与拟声拟态词无关的部分内容节选自《大学韩国语》教材,包括部分课文、单词及语法。

(2) 제시 단계

& 대화

(1)

가: 왕호씨, 가족이 모두 몇 명입니까?
나: 아버지, 어머니, 동생, 그리고 저, 모두 네 명입니다.
가: 부모님께서는 무슨 일을 하십니까?
나: 아버지는 공무원이시고 어머께서는 은행에 다니십니다.
가: 동생도 대학생입니까?
나: 아니요, 동생은 초등학교에 다닙니다.

(2)

가: 성함이 어떻게 되십니까?
나: 유강입니다.
가: 가족들은 모두 중국에 계십니까?
나: 네, 할아버지, 할머니하고 부모님께서는 베이징에 계십니다.
가: 언제 한국에 오셨습니까?
나: 3개월 전에 왔습니다.

(3)

가: 가족이 몇 명이에요?
나: 우리 가족은 모두 넷이에요.
　　아버지와 어머니가 계시고, 형이 한 명 있습니다.
가: 아버님은 무엇을 하십니까?
나: 아버지는 회사원입니다.
가: 왕호 씨는 어느 대학교에 다니세요?
나: 저는 서울대학교에 다녀요.

◆ 어휘

가족 [家族]	[名]	家族，家人
일	[名]	工作，事情
공무원[公務員]	[名]	公务员
은행[銀行]	[名]	银行
은행[銀行]에 다니다	[词组]	在银行上班
초등학교[初等学校]	[名]	小学
성함[姓銜]	[名]	尊姓大名("이름"的敬语)
언제	[代]	何时
3개월[3個月]	[名]	3个月
전[前]	[副]	前，之前
어느	[冠]	某，哪一个

◆ 문법

1. -(으)시

　尊敬词尾。"(으)시"接于谓词词干后面, 表示对主题的尊敬。所以主语是第一人称是不能使用"(으)시"。"시"接在开音节(包括以"ㄹ"结尾的闭音节)之后, "으시"接在闭音节之后。

53

例如:

오다: 오-시-ㅂ니다 → 오십니다.
　　　오-시-었습니다 → 오셨습니다.
　　　오-시-었어요 → 오셨어요.
　　　오-시-어요 → 오세요.

(1) 가: 무엇을 하십니까?　　　　　　　您在做什么?
　　 나: 그림을 그립니다.　　　　　　　在画画。
(2) 가: 언제 다시 오시겠어요?　　　　 您什么时候再来啊?
　　 나: 내년에 다시 올 겁니다.　　　 明年还会来的。
(3) 가: 어제 누구를 만나셨어요?　　　 昨天您见谁了?
　　 나: 이소라 씨를 만났어요.　　　　 见李素罗了。
(4) 할아버지는 신문을 읽으십니다.　　 爷爷在读报。
(5) 선생님, 식사하셨어요?　　　　　　老师,您吃饭了吗?
(6) 성민 씨, 무슨 운동을 좋아하세요?　 成民,你喜欢什么运动?
(7) 주말에 무엇을 하세요?　　　　　　周末做什么?

2. 높임말 (敬语)

　　在韩语中,部分词汇有其专门的敬语,表示对所指对象的尊敬。

例如:

밥밥→ 진지	있다 → 계시다
집 → 댁	먹다 → 드시다/잡수시다
이름 → 성함	자다 → 주무시다
말 → 말씀	말하다 → 말씀하시다
나이 → 연세	죽다 → 돌아가시다
생일 → 생신	주다 → 드리다
아내 → 부인	아프다 → 편찮으시다

(1) 할머니, 진지 드십시오.　　　　　　奶奶,请用餐吧。
(2) 거기가 박 선생님 댁입니까?　　　　请问是朴先生家吗?
(3) 어디가 편찮으십니까?　　　　　　 您哪里不舒服吗?
(4) 아버지는 우체국에 다니십니다.　　 爸爸在邮局上班。
(5) 할머니께서는 작년에 돌아가셨습니다.　奶奶去年去世了。

3. N-께서; N-께서는

　助词。当主语是说话人的长辈或上司等需要尊敬的人时，为对其表示尊敬，助词"가/이""는/은"可分别换成"께서"和"께서는"。

例如:

(1) 가: 누가 가겠습니까?　　　　　　　谁去?
　　나: 김 선생님께서 가시겠습니다.　　金老师去。
(2) 아버지께서는 연세가 어떻게 되십니까?　你父亲多大年纪了?
(3) 할머니께서는 텔레비전을 보십니다.　　奶奶在看电视。
(4) 할아버지께서는 고향에 계십니다.　　　爷爷在故乡。
(5) 저기 선생님께서는 오셨습니다.　　　　那边老师过来了。

4. N-전에

　惯用型。部分时间名词后加"전에"，类似于汉语的"……之前"。例如:

(1) 며칠 전에 중국에 왔습니다.　　　　　我几天前来到了中国。
(2) 한 시간 전에 점심을 먹었어요.　　　一个小时前吃的午饭。
(3) 10년 전에 이 사진을 찍었어요.　　　10年前照的这张照片。
(4) 두 달 전에 한국어 공부를 시작했어요.　我两个月前开始学韩语。

(3) 연습 단계

1. 보기처럼 다음 문장을 완성하세요. (仿照例句完成下面的句子。)

<보기> 아버지, 회사, 지금, 있다
　　→ 아버지께서 지금 회사에 계십니다.

(1) 은행, 형님, 일, 하다 →
(2) 어머니, 방, 자다 →
(3) 부인, 일, 무슨, 하다 →
(4) 회장님, 이번 주, 무척, 바쁘다 →
(5) 선생님, 밥, 식당에서, 먹다 →
(6) 교수님, 안, 연구실에, 오다 →

2. 다음 문장을 높임말로 바꾸세요. (请将下面的句子变成敬语。)
(1) 아버지, 잘 자요.
　　_____.

(2) 할머니는 기분이 좋습니다.
　　_____.

(3) 사장님 아내는 선생입니다.
　　_____.

(4) 우리 할머니의 생일은 3월 2일입니다.
　　_____.

(5) 이 일을 어머니한테 말했습니까?
　　_____.

3. 높임말로 다음 내화를 완성하세요. (请用敬语完成下列对话。)
(1) -_____
　　-내일은 학교에 안 갑니다.
(2) -_____
　　-제 이름은 김성민입니다.
(3) -_____
　　-우리 집은 학교 근처에 있어요.
(4) -_____
　　-네, 저는 중국 사람입니다.
(5) -_____
　　-고맙습니다. 이미 많이 먹었어요.

4. "-전에"를 사용하여 다음 질문에 대답하세요. (请用"-전에"回答下面的问题。)
(1) 그 소설책을 언제 읽었어요?
　　_____.

(2) 언제 세수를 합니까?
　　_____.

(3) 시험 전에 무엇을 합니까?
　　_____.

(4) 이 약은 언제 먹습니까?
　　_____.

(5) 언제 저에게 전화하셨어요?
　　_____.

5. 다음 문장을 한국어로 번역하세요. (请将下列句子翻译成韩语。)
(1) 你家有几口人?
_____.

(2) 我爸爸妈妈在韩国, 姐姐在中国留学。
_____.

(3) 考试之前做好准备。
_____.

(4) 回国之前我们一起吃顿饭吧。
_____.

6. 자기의 가족을 소개해 보세요. (请介绍一下自己的家人。)

(4) 활용 단계

◆ 영상을 보면서 생각해보기.
➢ 영상1 (출현 의성어: 하하, 호호, 허허, 후후)

➢ 영상2 (노래로 영상1에서 배운 의성어의 사용 환경 제시)

▶ 영상 중 많이 나온 '하하, 호호, 허허, 후후' 각각 무슨 뜻인가요?

▶ 안다면 의성어의 의미를 중국어로 써보세요. 하하:
호호:
허허:
후후:

◆ 영상의 내용을 바르게 이해했는지 본문을 보면서 확인해 보세요.
& <본문 1>

　언제나 유쾌한 돼지 삼 남매가 살고 있었어. 늘 기분이 좋은 첫째 돼지 이름은 '하하'였어. 예쁜 둘째 돼지 이름은 '호호', 마음이 넓은 막내 돼지 이름은 '허허'.

하하: "어! 낙엽이 날아가네. 하하하." 호호: "웃겨~~호호."
허허: "허허허."
　돼지 삼 남매가 작은 일에도 잘 웃는 건 다 웃음 모자 덕분이었어. 그런데 늘 불쾌한 늑대 씨는 돼지 삼 남매가 웃는 게 싫었어.
늑대: 짜증나~시끄러워! 정말 시끄러웠어.

"내 모자는 어디 갔지?"
모자를 되찾은 돼지 삼 남매는 다시 잘 웃게 됐어.
"나 왜 저 애들처럼 웃을 수 가 없을까?"
"나도 웃음 모자 있었으면……"

& <본문 2>
◆ 노래를 배워봅시다.
"하하", "호호", "허허", "후후"
웃어요, 웃어, 모두 함께 웃어요.
하하하 웃으면 즐거워, 즐거워.
호호호 웃으면 행복해, 행복해.
허허허 웃으면 기분 좋아, 좋아, 좋아.
후후후 웃으면 재밌어, 재밌어.
웃어요, 웃어, 모두 함께 웃어요.

자세히 알아보기

1. □ 什么是拟声词？它是用来做什么的呢？[①]
2. □ 下面的这些词在汉语当中存在吗？它们分别对应汉语中的哪些词呢？[②]
① 하하: 哈哈（形容大笑的样子或者声音）
　예문: 그의 재미있는 농담에 모두 하하 웃었다.
② 호호: 呵呵（主要形容女人的笑声）
　예문: 소영이는 손으로 입을 가리고 호호 웃었다.
③ 허허: 吼吼（主要形容男人的笑声）
　예문: 내 말을 듣자 아빠가 허허하고 웃었다.

---

①무엇이 의성어인가요? 무엇을 할 때 씁니까?
②아래의 단어들은 중국어에도 있나요? 그들은 중국어 중의 어떤 단어와 구별되고 대응되나요?

④후후: 呼呼(形容笑得很含蓄的样子或声音)
　　예문: 후후, 너는 이미 나에게 속았다.

▶ 이야기 내용에 대해 묻고 대답하십시오.
1. 돼지 삼 남매가 왜 잘 웃어요? 어떻게 웃어요?
　 (小猪三兄妹为什么爱笑呢? 它们是怎么笑的呢?)
2. 늑대씨는 왜 돼지 삼 남매가 싫어었어요?
　 (狼先生为什么讨厌小猪三兄妹呢?)
3. 늑대씨는 마지막에 어떻게 되었습니까?
　 (狼先生后来怎么样了?)
▶ 노래를 배워 봅시다. (영상2에서 나온 노래를 배워 의성어를 암기하기)
▶ 오늘은 배운 의성어를 사용해서 자기의 가족을 소개해 보세요.
　 (用今天学过的拟声词来介绍你的家人。)

할아버지	
할머니	
어머니	
아버지	
형	

(5) 정리 단계

▶ 본문 내용을 중국어로 번역하세요.(请将课文翻译成中文。)
▶ 교재에 없는 한국어 의성어 2개를 찾아보고 말해보세요.
　 (请说出两个课本里没有的拟声词。)

<중급>
　앞서 밝힌 바와 같이 중급 단계에서는 주로 '영 등가' 의성·의태어를 교육하는 단계이다. '영 등가' 의성·의태어는 학습자의 기억에 남을 만한 인상적인 자료를 활용해야 한다. 동화는 정제된 문장에서 의성·의태어가 나타나는 환경과 형태 등 기본적인 용법을 학습자가 직접 체험할 수 있다. 또한 문법적으로 온전한 문장에서 의성·의태어의 위치, 용언과의 거리 등도 확인할 수 있다. 그렇기 때문에 중급 단계에서는 주로 전래동화를 활용해 의성·의태어를 제시할 것이다.

2. 한국어 교재와 의성·의태어

(1) 도입 단계

<표 26> 한국어 교재 중급단계 모형

10. 팥죽 할머니와 호랑이

* 이번 시간에 배울 내용은?
➢ 의성·의태어를 식별하고 이해하도록 한다.
➢ 다양한 상황에서 사용할 수 있도록 한다.

(2) 제시 단계

◆ 그림을 보면서 생각해 보기.
　다음은 전래 동화 '팥죽 할머니와 호랑이'의 주인공들입니다. 어떤 이야기일 것 같습니까?

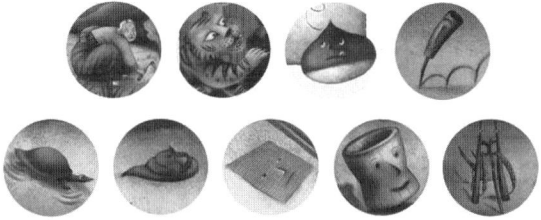

◆ 그림을 보고 '팥죽 할머니와 호랑이'의 내용을 추측해 보십시오. 그리고 말 풍선에 들어갈 말이 무엇일지 생각해 보십시오.

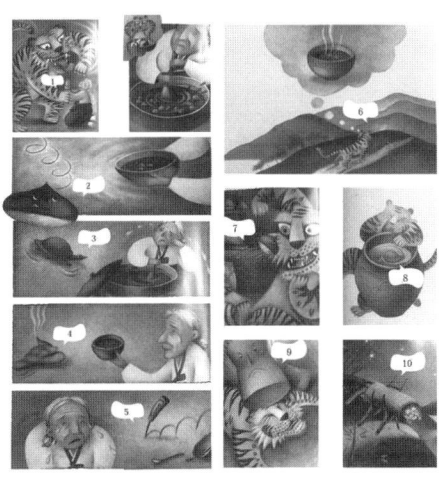

◆ 다음 전래동화를 읽고 의성·의태어를 찾아보세요.

& <본문>

옛날 깊고 깊은 산 속에, 꼬부랑 할머니가 살고 있었어. 어느 무더운 여름날이었지. 할머니가 땀을 뻘뻘 흘리며 팥밭을 매고 있는데, '어흥!' 하며 무서운 호랑이가 나타난 거야. 할머니는 눈물을 흘리며 사정했지. "호랑아, 제발 살려다오."

호랑이는 힘없는 할머니를 잡아먹으려니, 왠지 체면이 말이 아니었어. 그래도 제 놈이 숲 속의 왕인데 말이야. 그래 고작 생각해 낸게 밭매기 내기였지.

"할멈이 먼저 밭을 다 매면 살려 주지."

하는 수 없이 할머니는 그러마 했어. 하지만 늙은 할머니가 힘센 호랑이를 이길 수 있겠니? 끙, 할머니가 호미질을 겨우 한 번 할 때 뚝딱, 호랑이는 벌써 밭 하나를 다 매 버린 거야. 내기에서 이긴 호랑이는 이제 됐다 싶어, 할머니에게 달려들었어.

"자, 잠깐만! 내가 없으면 이 팥은 어떡하고? 팥이 자랄 때까지만 기다려 주면, 내 맛있는 팥죽을 쑤어 주마. 그 때 가서 팥죽도 먹고, 나도 잡아먹으렴."

호랑이가 들으니 그럴듯한 애기거든.

"흠, 좋아, 좋아!"

호랑이에게서 겨우 풀려난 할머니는 여름 내내 팥을 돌보았어. 하지만 무슨 즐거움이 있겠어. 나오느니 한숨뿐인걸. 할머니의 마음도 모른 채 팥은 무럭무럭 잘 자랐지. 가을이 되자, 할머니는 팥을 거두어들였어. 커다란 가마솥에 팥을 넣고서 보글보글 팥죽을 쑤는데, 펑펑 눈물이 쏟아지는 거야. 이제 호랑이 놈이 들이닥칠 게 아냐.

그 때, 마당에 떨어져 있던 알밤이 데굴데굴 굴러와 말했어.

"할머니, 왜 울었어요?"

"오늘 밤에 호랑이가 날 잡아먹으러 온단다. 그래 서글퍼 울지."

"팥죽 한 그릇 주면 못 잡아먹게 하지."

할머니는 속는 셈 치고 팥죽 한 그릇을 퍼 주었어. 알밤은 순식간에 팥죽을 먹어 치웠지. 그리고는 데굴데굴 굴러가 아궁이 속에 숨었어.

훌쩍훌쩍, 할머니가 또 눈물을 찍어 대는데 엉금엉금 자라가 기어오고, 퍼덕퍼덕 개똥이 미끄러져 오고, 콩콩콩콩 송곳이 뛰어왔어.

"할머니, 왜 울어요?"

하나같이 약속이나 한 듯 이렇게 물었지.

"오늘 밤에 호랑이가 날 잡아먹으러 온단다. 그래 서글퍼 울지."

"팥죽 한 그릇 주면 못 잡아먹게 하지."

2. 한국어 교재와 의성·의태어

중국인 학습자를 위한 한국어 교육용 의성·의태어 연구

할머니는 또 속는 셈치고, 팥죽을 한 그릇씩 퍼 주었어. 자라며 송곳이며 개똥은 뚝딱 팥죽 한 그릇을 비웠어. 자라는 항아리 속에 숨고, 송곳은 부엌 바닥에 꼿꼿이 서 있고, 개똥은 부엌 한가운데에 납작 엎드렸지.

어떻게 알고 왔는지, 이번에는 쿵덕쿵덕 절구가 뛰어오고, 도르르르 멍석이 굴러 오고, 어정어정 지게가 걸어오는 거야. 할머니는 팥죽 한 그릇씩을 듬뿍 퍼 주었어. 팥죽을 먹고 나자, 절구는 부엌 문 위에 올라갔고, 멍석은 앞마당에 누웠고, 지게는 마당 한 구석에 가 숨었어.

어느새 날은 어두워지고, 깜깜한 밤이 되었어. 잊지 않고 호랑이가 산에서 내려 왔지.

"할멈, 할멈, 내가 왔어! 어서 나와 봐."
"방 안이 깜깜해서 문을 찾을 수가 없구나."

할머니는 와들와들 떨며 어두운 방 구석에 쪼그리고 있었어. "불을 켜고 나오면 되잖아."

"부엌 아궁이에 불씨가 있으니, 가서 가져다 주련?"

호랑이는 성큼성큼 부엌으로 들어갔지. 불씨를 꺼내려고 아궁이를 들여다보는 데… 아궁이 안에 숨어 있던 알밤이 톡 튀어나와 호랑이 눈을 딱 때렸어.

"앗, 따가워!"

호랑이는 눈을 씻으려고 물독에 손을 넣었어. 그러자 이번에는 물독 안에 숨어 있던 자라가 호랑이의 손을 덥석 깨물어 버렸네.

"아이고, 내 손이야!"

호랑이는 너무 아파서 겅중겅중 뛰다가 그만 개똥을 밟고 쭈르륵 미끄러지고 말았어. 그 때를 놓칠세라, 꼿꼿이 서 있던 송곳이 뛰어나와 호랑이의 엉덩이를 폭 찔렀지.

"으악, 호랑이 살려!"

놀라 후닥닥 뛰어나오는 호랑이의 머리 위로 커다란 절구통이 쿵 떨어졌지. "꽥!"

호랑이는 마당에 펼쳐진 멍석 위에 털썩 쓰러졌어요. 그러자 멍석은 호랑이를 뚜르르 말아 꼼짝 못하게 했지.

이제 누구 차례겠어. 어정어정 지게가 걸어와 호랑이를 지고서 멀리멀리 강가로 갔어. 풍덩! 호랑이를 강물 속에 던져 버렸지.

이렇게 해서 할머니는 못된 호랑이에게서 목숨을 건졌어. 할머니는 날마다 보글보글 팥죽을 끓여서 고마운 친구들과 나누어 먹었단다.

◆ 의성·의태어를 찾았습니까? 같이 확인해 봅시다.

소리	
동작	
모양	

➢ 동화에 나온 의성·의태어를 들어 본 적이 있나요? 그 의성·의태어는 어떤 상황에서 쓰인 것 입니까?

◆ 어휘

▶ 의성어·의태어

어흥: 호랑이가 우는 소리.(老虎的叫声——嗷呜)

엉금엉금: 큰 동작으로 느리게 걷거나 기는 모양.(慢吞吞地爬或走)

성큼성큼: 다리를 잇따라 높이 들어 크게 떼어 놓는 모양.(大步流星)

와들와들: 춥거나 무서워서 몸을 잇따라 아주 심하게 떠는 모양.(瑟瑟发抖)

무럭무럭: 순조롭고 힘차게 잘 자라는 모양.(茁壮)

보글보글: 작은 양의 액체가 잇따라 야단스럽게 끓는 소리. 또는 그 모양.(咕嘟咕嘟)

듬뿍: 넘칠 정도로 매우 가득하거나 수북한 모양.(满满)

꼼짝: 몸을 둔하고 느리게 조금 움직이는 모양.(动弹)

▶ 단어

깨물다	[动]	咬
무덥다	[形]	闷热，炎热，酷热
힘세다	[形]	强壮
나누다	[动]	分
순식간	[名]	刹那间，顷刻间
목숨을 건지다	[词组]	逃生，逃命
엎드리다	[动]	趴，伏，卧
쪼그리다	[动]	蜷缩
들이닥치다	[动]	不期而至，突然来到

★ 보충 어휘: 데굴데굴, 훌쩍훌쩍, 쿵덕쿵덕, 퍼덕퍼덕, 겅중겅중

◆ 문법

1. -아/어/여 버리다

　由连接词尾"아/어/여"加辅助动词"버리다"构成，接在动词词干后，表示做完了。相当于韩语"……掉了""……完了""……光了"。

<보기>

(1) 나는 갖고 있던 돈을 전부 동생에게 줘 버렸다.
　　我把所有的钱都给了弟弟。

(2) 불필요한 물건들을 전부 없애버렸다.
　　不必要的东西全部清除掉了。

(3) 애, 이것도 마저 먹어 버려라.
　　孩子，你把这个也吃掉吧。

(4) 가방을 사고 남은 돈은 다 써 버려라.
　　把买包剩下的钱全花掉吧。

2. -(으)ㄴ/는 셈 치다

　惯用型。由定语词尾"-(으)ㄴ/는"+ 不完全名词"셈 + 치다"构成，表示对某件事、某种情况或结果的假设，相当于汉语的"就算是……""就当做是……"。

<보기>

(1) 가: 책을 잃어버렸나 봐요. 아무리 찾아도 없어요.
　　　怎么也找不到书了，看来是丢了。
　　나: 잃어버린 셈치고 다시 사세요.
　　　就当是丢了，再买一本吧。

(2) 가: 아들이 집을 나갔다면서요?
　　　儿子离家出走了？
　　나: 이젠 찾지 않을 거예요. 아들이 없는 셈치고 살 거예요.
　　　已经不打算再找了，就当是没有这个儿子了。

(3) 가: 그 사람은 매번 빌려 간 돈을 갚지 않습니다.
　　　那个人借了好几次钱从来不还。
　　나: 잃어버린 셈치고 받을 생각을 마세요. 그 사람은 원래 돈을 잘 안 갚아요.
　　　就当是丢了，再也别打算收回了。那个人本来就不还钱。

(4) 가: 오늘 점심은 제가 사겠어요.
　　　今天中午我请客。
　　나: 고마워요. 그런데 오늘은 바쁘니까 먹은 셈 칠게요.
　　　谢谢你。但是今天太忙了，就当是吃过了。

3. -ㄴ/는 채
   接在动词词干后，表示保持着某种状态或行动后做后面的事情。相当于汉语的"……着……"。
   <보기>
   (1) 가: 많이 피곤해 보여요.
       你看起来很疲倦啊。
   (2) 가: 문을 열어 놓은 채로 나온 것 같아요.
       好像门就那么开着就出来了。
       나: 걱정 마세요. 내가 확인해 보고 나왔으니까.
       别担心，我已经检查过了才走的。
   (3) 가: 어제는 너무 피곤해서 집에 돌아가자마자 세수도 못 한 채 그냥 잤어요.
       昨天太累了，到家没洗漱就那么睡了。
       나: 나도 밥도 먹지 못 한 채 그냥 자 버렸어요.
       我连饭都没吃就睡了。
   (4) 가: 수영 씨는 안경을 낀 채 목욕을 해요?
       秀英洗澡还戴着眼镜啊？
       나: 전 눈이 너무 나빠서 안경을 안 끼면 하나도 안 보여요.
       我视力太差，不戴眼镜什么也看不清。

(3) 연습 단계

1. "아/어/여 버리다"를 이용하여 다음의 문장을 완성하십시오.
   (1) 선생님께서는 교실에서 잠깐 기다리라고 하셨는데 학생들이 그냥_____. (가다)
   (2) 배가 너무 고파서 냉장고에 남아있는 음식을 다_____. (먹다)
   (3) 목이 너무 말라서 물을 통채로 한꺼번에_____. (마시다)
   (4) 마지막으로 남아 있는 돈을 다_____. (쓰다)
   (5) 새 가구를 샀습니다. 헌 가구를 둘 때가 없어서 중고시장에_____. (팔다)

2. '-(으)ㄴ/는 셈 치다'를 이용해서 대답하시오.
   (1) 가: 아들이 집을 나갔다면서요? (자식이 없다)
       나: _____.
   (2) 가: 오늘 점심은 제가 사겠어요. (먹다)
       나: _____.

2. 한국어 교재와 의성·의태어

(3) 지갑이 어디에 있는지 모르겠어요?(잃어버리다)
　　나: _____.
(4) 성격도 안 좋은데 왜 그렇게 높은 법학과를 지원했습니까?(재수하다)
　　나: _____.

3. ( ) 안에 있는 말과 '-(으)ㄴ 채'를 이용해 대답하십시오.
(1) 가: 어제 밤새도록 당신 방에 불이 켜 있더라고요?
　　나: _____. (불을 켜 놓다/ 잠이 들었다)
(2) 가: 이 이름이 없는 노트는 누구 거지요?
　　나: 제 거예요. _____.
　　　 (너무 급해서 깜빡 잊고 이름 쓰지 않다/내다)
(3) 가: 엄마는 아빠 얼굴도 못 보고 시집을 오셨대.
　　나: _____.
　　　 (예전에는 얼굴도 못 보다/ 결혼하는 사람이 많았다)
(4) 가: 오늘 왜 그렇게 기운이 없어요?
　　나: _____. (늦어서 밥도 못 먹다/ 그대로 나왔다)

4. 대화 연습

> 다음 질문에 대한 답을 적고 옆 사람과 대화해 보세요.
> 1. '엉금엉금'이라는 의태어는 어떤 상황에서 쓸 수 있습니까?
> 2. '성큼성큼'이라는 의태어는 어떤 상황에서 쓸 수 있습니까?
> 3. '보글보글'이라는 의태어는 어떤 상황에서 쓸 수 있습니까?

5. 완성 연습

> 알맞은 의성·의태어를 넣어 문장을 완성하십시오.
> (1) 그녀는 너무나 무서워 몸을 (　　) 떨었다.
> (2) 그는 피곤해서 (　　) 못하게 되었다.
> (3) 그는 잔에 술을 (　　) 따랐다.
> (4) 그런데 정화씨는 아무 말도 하지 않고, (　　) 걷기 시작했다.
> (5) 양념한 재료를 (　　) 끓을 때까지 끓인다.

(4) 활용 단계

◆ 대화 만들기
  ➢ 의성·의태어를 넣어 대화를 만든 후 발표해 봅시다.
  1. 오늘은 배운 의성·의태어를 사용해서 대화를 만드십시오.
  2. 발표내용을 잘 듣고 어떤 의성·의태어인지 빨리 맞히십시오.

◆ 연극하기
  1. 준비
     3~4명이 모여 그룹을 만든 후 1막~3막 중에서 하나를 고르십시오.
  2. 그룹별로 맡은 부분을 대사와 지문을 넣어 연극 대본으로 만드십시오. 이 때 지금까지 배운 의성·의태어를 사용하십시오.
  3. 역할을 나누고 감정을 넣어 대본을 읽으십시오.
  4. 모두 일어나서 연극 연습을 하십시오.
  5. 한 그룹씩 앞에 나와서 발표하십시오.

(5) 정리단계

▶ 본문 내용을 중국어로 번역하세요.
▶ 교재에 없는 한국어 의성·의태어 2개를 찾아보고 아래에 쓰세요.

의성·의태어	중국어 번역

<고급>

(1) 도입 단계

<표 27> 한국어 교재 고급단계 모형

5. 사랑 손님과 어머니

* 이번 시간의 학습 목표는?
  ➢ 목표 어휘의 의미를 이해하고 사용할 수 있다.
  ➢ 의성·의태어의 연어쌍을 익히고 실제 상황에서 정확하게 표현할 수 있다.

(2) 제시 단계

& <본문>
  (1) 전체 줄기리

옥희네 집에는 세 식구가 산다. 한 사람은 스물네 살의 과수댁인 옥희 어머니이고, 또 한 사람은 중학교에 다니는 작은외삼촌이다. 그런 옥희네 집에 낯선 손님이 나타난다. 그는 큰외삼촌의 친구이고 죽은 옥희 아버지의 친구이기도 한데, 옥희네 동네의 교사로 부임해와, 마침 하숙할 곳이 적당하지 않아서 옥희네 사랑 채에 들게 된 것이다. 옥희는 그 사랑방 손님이 좋다. 어느 날 옥희가 점심을 먹 고 사랑에 나가 보니 아저씨가 점심을 먹고 있다. 그는 옥희는 어떤 반찬을 제일 좋아하냐고 묻는다. 옥희는 삶은 달걀이 좋다고 한다. 그러자 아저씨도 삶은 달걀 이 제일 좋다고 한다. 옥희는 뛸 듯이 기뻐하며 안방으로 뛰어가 어머니에게 그 사실을 알린다. 그 후 옥희는 매일 좋아하는 달걀을 먹게 된다.

그러던 어느 날, 옥희는 어머니를 놀라게 해 주려고 벽장 속에 숨었다가 그만 잠이 들었다. 집 안에서는 옥희를 찾느라 야단이 난다. 그 일이 있은 다음 날 옥희는 어머니에게 좀 좋은 일을 해 주고 싶어서 유치원 선생님 책상위에 꽂힌 빨간 꽃을 가져다 어머니에게 준다. 어머니가 그 꽃은 어디서 나냐고 묻자, 옥희는 엉겁결에 사랑방 아저씨가 엄마 갖다 주라고 줬다고 대답해 버린다. 엄마의 반응 은 아주 예상 밖이었다. 엄마는 몹시 놀라며 그런 걸 받아 오면 안 된다고 야단 친다. 어머니의 표정으로 보아 옥희는 그 꽃이 곧 쓰레기통으로 들어갈 것이라고 생각하지만, 어머니는 꽃병에 잘 꽂아서 풍금 위에 놓아두었다. 그날 밤 옥희는 사 랑방에 나가 아저씨 무릎위에서 논다. 그런데 문득 풍금 소리가 올려 나오는 것 이다. 옥희는 안방으로 뛰어가 본다. 거기에는 소복을 하고 달빛을 받으며 풍금을 타는 어머니가 있는데 두 뺨에선 쉴새없이 눈물이 흘러내린다. 그리고 딸을 보고 말한다. 옥희야! 너 하나문 그뿐이다. 며칠 후 엄마는 그 꽃을 잘 말려 찬송가 책 갈피 사이에 끼워 둔다.

이런 일이 있은 후 아저씨는 어머니에게 전하라고 옥희에게 봉투를 준다. 그 것을 받은 어머니는 몹시 당황하며 봉투를 연다. 거기에는 밥값과 함께 종이쪽지가 들어 있었다. 그날 밤 옥희는 밤중에 깨어나, 어머니가 아버지 옷을 꺼내 놓고 앉 아 있는 것을 본다. 어머니는 옥희와 함께 기도하다가, "시험에 들지 말 게 하옵시 고" 하는 부분에서 더 이상 말을 잇지 못한다. 그 후 어머니는 어떤 때는 매우 즐 거워하다가 금세 풀이 죽어 우울해하곤 한다. 며칠이 지난 어느 날, 옥희는 아저씨가 짐을 꾸리는 것을 본다. 다음날 아저씨는 조용히 집을 떠나고,

어머니는 옥희와 함께 언덕에 올라와, 아저씨가 탄 기차가 사라질 때까지 하염없이 바라보고 있었다. 그리고 집에 돌아오자 엄마는 책갈피에 끼워 놓은 꽃잎을 옥희에게 주며 꽃잎을 버리라고 한다. 달걀 장수가 와서 달걀을 사라고 하자, 엄마는 이제 우리 집에 달걀 먹을 사람이 없다고 힘없이 말한다. 옥희는 자기도 달걀을 좋아하는데 엄마가 왜 저런 거짓말을 하는지 모르겠다고 궁금해 한다.

(2)

　이튿날 유치원을 파하고 집으로 오게 된 때 나는 갑자기 어제 벽장 속에 숨었다가 어머니를 몹시 울게 했던 생각이 나서 집으로 돌아가기가 어쩐지 부끄러워졌습니다. '오늘은 어머니를 좀 기쁘게 해 드려야텐데….무엇을 갖다 드리문 기뻐할까?' 하고 생각했습니다. 그러자 문득 유치원 안에 선생님 책상 위에 놓여 있던 꽃병 생각이 났습니다. 그 꽃병에는 나는 이름도 모르나 곱고 빨간 꽃이 꽂히어 있었습니다. 그 꽃은 개나리도 아니고 진달래도 아니었습니다. 그런 꽃은 나도 잘 알고 또 그런 꽃은 벌써 피었다가 저 버린 후였습니다. 무슨 서양꽃이려니 하고 나는 생각하였습니다. 나는 우리 어머니가 꽃을 사랑하는 줄을 잘 압니다. 그래서 그 꽃을 갖다가 드리면 어머니가 몹시 기뻐하려니 하고 생각하였습니다. 그래서 나는 도로 유치원 방 안으로 들어갔습니다. 마침 방 안에는 아무도 없었습니다. 선생님도 잠깐 어디를 가셨는지 보이지 않았습니다. 그래 나는 그 꽃을 두어 개 얼른 빼들고 달음질쳐 나왔지요.

　집에 오니 어머니는 문간에서 기다리고 있다가 나를 안고 들어왔습니다.

　"그 꽃은 어디서 났니? 퍽 곱구나."

　하고 어머니가 말씀하셨습니다. 그러나 나는 갑자기 말문이 막혔습니다. '이걸 엄마 드릴라구 유치원에서 가져왔어.' 하고 말하기가 어째 몹시 부끄러운 생각이 들었습니다. 그래 잠깐 망설이다가, "응, 이 꽃! 저, 사랑 아저씨가 엄마 갖다 주라구 줬어."

　하고 불쑥 말했습니다. 그런 거짓말이 어디서 그렇게 툭 튀어나왔는지 모르지요. 꽃을 들고 냄새를 맡고 있던 어머니는 내 말이 끝나기가 무섭게 무엇에 몹시 놀 란 사람처럼 화닥닥하였습니다. 그리고는 금시에 어머니 얼굴이 그 꽃보다도 더 빨갛게 되었습니다. 그 꽃을 든 어머니 손가락이 파르르 떠는 것을 나는 보았습 니다. 어머니는 무슨 무서운 것을 생각하는 듯이 방 안을 휘 한 번 둘러보시더니, "옥희야, 그런 걸 받아 오문 안 돼."

　하고 말하는 목소리는 떨렸습니다. 나는 꽃을 그렇게도 좋아하는 어머니가 이 꽃을 받고 그처럼 성을 낼 줄은 참으로 뜻밖이었습니다. 어머니가 그렇게도 성을 내는 것을 보니까 그 꽃을 내가 가져왔다고 그러지 않고 아저씨가 주더라고 거짓 말을 한 것이 참 잘되었다고 나는 속으로 생각했습니다. 어머니가 성을 내는 까닭을 나는 모르지만 하여튼 성을 낼 바에는 내게 내는 것보다 아저씨에게 내는 것이 내게는 나았기 때문입니다. 한참 있더니 어머니는 나를 방 안으로 데리고 들어와서, "옥희야, 너 이 꽃 이얘기 아무누구두 하지말아라, 응?" 하고 타일러 주었습니다. 나는, "응."

하고 대답하면서 고개를 여러 번 까닥까닥했습니다.

어머니가 그 꽃을 곧 내버릴 줄로 나는 생각했습니다마는 내버리지 않고 꽃병에 꽂아서 풍금 위에 놓아두었습니다. 아마 퍽 여러 밤 자도록 그 꽃은 거기 놓여 있어서 마지막에는 시들었습니다. 꽃이 다 시들자 어머니는 가위로 그 대는 잘라 내버리고 꽃만은 찬송가 갈피에 곱게 끼워 두었습니다.

내가 어머니께 꽃을 갖다 주던 날 밤에 나는 또 사랑에 놀러 나가서 아저씨 무릎에 앉아서 그림책을 보고 있었습니다. 갑자가 아저씨 몸이 흠칫하였습니다. 그 리고는 귀를 기울입니다. 나도 귀를 기울였습니다.

풍금 소리!

그 풍금 소리는 분명 안방에서 흘러나오는 것이었습니다.

"엄마가 풍금 타나 부다"

하고 나는 벌떡 일어나서 안으로 뛰어왔습니다. 안방에는 불을 켜지 않았습니다. 그러나 그때는 음력으로 보름께나 되어서 달이 낮같이 밝은데 은빛 같은 흰 달빛이 방안 절반 가득히 차 있었습니다. 나는 흰옷을 입은 어머니가 풍금 앞에 앉아서 고요히 풍금을 타는 것을 보았습니다.

나는 나이 지금 여섯 살밖에 안 되었지마는 하여튼 어머니가 풍금을 타시는 것을 보는 것은 오늘이 처음이었습니다. 어머니는 우리 유치원 선생님보다도 풍금을 더 잘 타시는 것이었습니다. 나는 어머니 곁으로 갔습니다마는 어머니는 내가 곁에 온 것도 깨닫지 못하는지 그냥 까딱 아니 하고 풍금을 탔습니다. 조금 있더니 어머니는 풍금 곡조에 맞추어서 노래를 부르기 시작하였습니다. 어머니의 목 소리가 그렇게도 아름다운 것도 나는 이때까지 모르고 있었습니다. 어머니는 참으로 우리 유치원 선생님보다도 목소리가 훨씬 더 곱고 또 노래도 훨씬 더 잘 부르시는 것이었습니다. 나는 가만히 서서 어머니 노래를 들었습니다. 그 노래는 마 치 은실을 타고 저 별나라에서 내려오는 노래처럼 아름다웠습니다. 그러나 얼마 오래지 않아 목소리는 약간 떨리기 시작하였습니다. 가늘게 떨리는 노랫소리, 그 에 따라 풍금의 가는 소리고 바르르 떠는 듯했습니다. 노랫소리는 차차 가늘어지 더니 마지막에는 사르르 없어졌습니다. 어머니는 고요히 풍금에서 일어나시더니 옆에 섰는 내 머리를 쓰다듬었습니다. 다음 순간 어머니는 나를 안고 마루로 나 오셨습니다. 어머니는 아무 말씀도 없이 그냥 나를 꼭꼭 껴안는 것이었습니다. 달 빛을 함빡 받는 내 어머니 얼굴은 몹시도 새하얗다고 생각되었습니다. 우리 어머니는 참으로 천사 같다고 나는 생각하였습니다.

우리 어머니의 새하얀 두 뺨 위로 쉴 새 없이 두 줄기 눈물이 줄줄 흘러내리고 있는 것을 나는 보았습니다. 그것을 보니 나도 갑자기 울고 싶어졌습니다.

"어머니, 왜 울어?"

하고 나도 훌쩍거리면서 물었습니다.

"옥희야."

"응?"

한참 동안 어머니는 아무 말씀도 없었습니다. 그러나 한참 후에, "옥희야, 난 너 하나문 그뿐이다."

"엄마."

어머니는 다시 대답이 없으셨습니다.

◆ 어휘

▶ 단어

사랑	[名]	厢房(传统韩式房屋中与内室分离，男主人住的房间，也用来招待男客人)
줄거리	[名]	梗概
과부	[名]	寡妇
엉겁결	[名]	下意识
찬송가	[名]	赞美诗
풀이 죽다		情绪沮丧，没精打采，意志消沉
말문이 막히다		哑口无言，有口难言
껴안다	[动]	抱，搂抱

▶ 의성어 · 의태어

- 문득
- 벌떡
- 줄줄

- 차차
- 훌쩍
- 툭
- 흠칫

의성·의태어	소리	모양	체언	용언
문득				
벌떡				
줄줄				
차차				
훌쩍				
툭				
흠칫				

◆ 문법

1. 先语末语尾 - 옵 -

表示尊敬, 带有古语色彩, 在现代韩国语中只有在信件或宗教语言等极特殊的环境里使用。

<보기>

(1) 옥체 건강하시옵고 하시는 일마다 소원 성취하시길 바라옵니다.
   愿您玉体安康, 事事遂愿。

(2) 다만 악에서 구하옵소서. ('신약성경' 마태복음 6장 13절)
   救我们脱离那恶者。(《新约·圣经·马太福音》第6章第13节)

2. -(으)려니 하다

表示预料、估计、推测等意思。

<보기>

(1) 무슨 서양꽃이려니 하고 나는 생각하였습니다.
   我猜可能是什么西洋花吧。

(2) 그 애는 아마 누가 달래 주려니 하고 더 우는 모양이다.
   那个孩子好像是想要人哄, 哭得更厉害了。

(3) 최 선생도 왔으려니 했는데 오지 않았구나.
   以为崔先生也会来呢, 原来没来啊。

3. -ㄴ/은/는/ㄹ/을 바에(는)(야)

表示在前面所叙述的事实或狀況下，后面的动作或状况更合适，相当于汉语的"既然……就……"。

<보기>

(1) 이왕 산 중턱까지 온 바에야 아예 꼭대기까지 올라갑니다.
　　既然到了半山腰，那干脆就上到山顶吧。
(2) 형님을 만나서 불평을 늘어놓을 바에는 차라리 만나지도 말아요.
　　见到哥哥就发牢骚的话，还不如不见呢。
(3) 수박 겉핥기 식으로 관람을 할 바에는 차라리 다음 기회로 미룹시다.
　　要是走马观花地参观的话，还不如等下次机会呢。

(3) 연습 단계

1. 다음 문장을 완성하십시오.
(1) 요 며칠 계속 포식을 했더니＿＿＿＿＿＿＿＿＿＿＿＿＿＿＿＿＿．
(2) 더운 날에 매일 밖에 나가더니＿＿＿＿＿＿＿＿＿＿＿＿＿＿＿＿＿．
(3) 처음에는 관심을 가지는 척하더니＿＿＿＿＿＿＿＿＿＿＿＿＿＿＿．
(4) 이왕 놀러 간 바에야＿＿＿＿＿＿＿＿＿＿＿＿＿＿＿＿＿＿＿＿．
(5) 하기 싫은 일을 할 바에야＿＿＿＿＿＿＿＿＿＿＿＿＿＿＿＿＿．
(6) 이렇게 기다리고만 있을 바에야＿＿＿＿＿＿＿＿＿＿＿＿＿＿＿．

2. 다음의 의성·의태어로 짧은 글을 지어봅시다.
- 문득
- 벌떡
- 줄줄
- 차차
- 훌쩍
- 툭
- 흠칫

3. 다음의 언어 표현을 몸짓으로 보여주고 (　) 안에 알맞은 단어를 써넣어 보십시오.
(1) (　) + 꾸벅꾸벅 + (　)

2. 한국어 교재와 의성·의태어

(2) (　　) + 건들건들 + 걷다
(3) (　　) + 벌컥벌컥 + 마시다
(4) (　　) + 꼬박꼬박 + 내다
(5) (　　) + 꾸역꾸역 + (　　)
(6) (　　) + 꼭꼭 + 숨다
(7) (　　) + 느릿느릿 + 걷다
(8) (　　) + 도란도란 + 이야기하다
(9) (　　) + 기웃기웃 + 들여다보다

(4) 활용 단계

1. 게임을 해봅시다.

A카드

불다	걷다	먹다	마시다
졸다	흔들다	씹다	숨다
이야기하다	인사하다	들여다보다	자다

B카드

꾸벅꾸벅	건들건들	벌컥벌컥	꼬박꼬박
꾸역꾸역	꼭꼭	느릿느릿	도란도란
기웃기웃	새근새근		

2. 아래 그림에 제시된 신체 부위와 관련 있는 의성·의태어를 모두 적어 보십시오.

75

신체 부위	의성·의태어
귀	
눈	
입	
머리	
어깨	
가슴	
배	
발	

3. 다음 그림을 보고, 위 2번의 표현을 이용해서 등장인물들의 행동을 묘사하는 글을 써봅시다.

(5) 정리 단계

▶ 「사랑 손님과 어머니」를 읽고 재미있는 부분이나 느낀 점에 대하여 친구들과 이야기하여 봅시다.

3. 의성·의태어의 교육 방안

　제2장에서는 중국인 학습자가 느끼는 의성·의태어 난이도에 따라 초·중·고급 교재를 설계했고, 초·중급 학습자가 한국어에 대한 이론 지식이 부족함을 고려하여 교재 설계면에서 학생의 흥미를 유발할 수 있는 방법, 예를 들어 동영상, 동화 등을 대량으로 채택했다. 초·중급 의성·의태어 교육의 중점은 학습자들이 의성·의태어를 친근감 있게 느끼도록 해주고 의성·의태어의 개념과 용법을 이해하고 의성·의태어를 더욱 능동적으로 사용하는데 있다. 이러한 순차 진행 과정을 통해서 고급 단계의 의성·의태어 학습을 위한 바탕을 만들고 든든한 기초를 세운다. 하지만 고급 단계 학습의 중점은 학생들이 문장 속 의성·의태어 사용법을 완벽히 파악하여 일상생활 속에서 능숙하게 그것을 사용하는 것이다. 이렇게 함으로써 학습자들은 작문에서도 한국인과 같이 생동감 있는 문장을 만들 수 있게 되고, TOPIK에서 높은 점수를 얻으며 장래의 직장 생활에서도 마음껏 한국어를 사용하며 교류할 수 있게 될 것이다. 이에 본 장에서는 고급단계 교재에 부합하는 연어 관계를 이용한 의성어·의태어 교육방안을 설계하고자 한다. 먼저, <u>고급단계 의성·의태어를 교육할 때 연어관계를 이용해야하는 이유</u>에 대해 살펴보자.

　왕혜숙(1995)에서는 한국어 교육에서 영어 화자를 대상으로 한 작문 오류 연구에서 연어의 사용률이 15%에 불과하지만 사용된 연어 대부분에서 오류가 나타나며, 어휘력이 낮은 학습자보다 어휘력이 풍부한 고급 학습자에게 연어 사용이 문제가 된다고 지적했다. 또한, 최은지·이승연(2009)에서 실제로 개별적인 어휘 교육만으로 어휘력을 향상시키거나 연어 사용 능력을 향상시킬 수 없음을 확인할 수 있다. 어휘 교육의 효과를 최대화하려면 단어가 결합되는 결합 정보, 즉 연어 교육을 시킬 필요가 있다.

　강현화(2000)에서는 한국어 학습자가 한국어로 발화하거나 작문을 할 때 가장 어려움을 겪는 부분은 상황에 어울리는 어휘 및 관용 표현, 그리고 해당어휘와 공기하는 표현과의 결합관계이며, 이 중 모국어 간섭으로 인해 가장 많은 오류가 발생하는 것은 특히 공기 관계 부분, 즉 연어라고 밝힌 바 있다. 한국어 학습자가 한국어의 어휘에 대한 학습이 충분하다고 해도 한국어 화자 와의 의사소통 시 많은 어려움을 겪는 이유는 바로 개별 어휘를 실현시키는 방법을 제대로 인식하지 못하는 데 있다. 또한, 부사는 그 의미나 용법에 있어 서 현격히 호응 정보에 의존한다고 보고 말뭉치를 이용해 호응관계를 밝히고 이를 한국어 교육에 활용하고자 하였다. 말뭉치를 활용하여 부사의 빈도 목록 작성, 개별 부사에 대한 의미 항목별 빈도 추출, 문법적인 호응 정보의 제공, 화용적인 정보의 제공, 다양한 용례 제공으로 부사 어휘 학습에 도움을 줄 수 있다고 주장하였다. 또한 호응 정보를 활용하여 사전 기술보다 더욱 상세한 부사 어휘 교육의 예시를 보여 주어 한국어 교사들의 교재 개발이나 어휘 교 육에 필요한 기초 자료를 제공해 주었다.

앞장에서 제시한 교육용 의성·의태어 목록 중·고급단계에 해당하는 어휘들은 여러 가지 의미 항목을 가지는 것이 대부분이다. 따라서 실제 수업에서는 해당 어휘의 사선적 의미 차이를 직접 제시하는 방법보다 문장 안에서의 용법, 즉 어휘의 결합 관계와 통합 관계에 중점을 두어 학습자가 실제로 사용 하는 데에 도움이 되도록 해야 한다. 특히, 어느 정도 한국어 어휘를 습득한 단계에 있는 중·고급 학습자들이 보다 한국인답게 한국어를 구사하는 것을 목표로 공부하는 것이 적합하다고 할 수 있다. 특히 의성·의태어는 한국어 고유어와 결합하는 경향이 강하기 때문에 연어 관계를 이용한 의성·의태어 교육은 의성·의태어가 문장 속에서 쓰는 환경을 제공하여 그에 대해서 '언제, 어떻게 쓰느냐'를 정확하게 파악하는 것이 도움이 된다.

연어 관계를 이용한 의성·의태어 교육은 학습자가 상황에 맞는 정확한 한 국어를 자연스럽게 사용할 수 있게 하고, 자기 견해와 감정을 더욱 구체적이고 정확하게 표현할 수 있는 능력을 제고시켜 주는 데에 목적이 있다. 따라서 본고의 연구 결과를 기초로 필자는 한국어 교육에 있어서 학습자가 다양한 어휘를 제공받을 때 느끼는 부담감을 덜어 주고 학습자가 보다 효율적으로 어휘를 공부하도록 도와주고자 한다. 이어서 그 동안 논의되었던 연어의 개념을 정의하고, 본 연구에서의 연어의 범위를 규정하고 의성·의태어의 연어 구성 및 연어 관계를 이용한 의성·의태어 교육의 이론적 근거를 정리하고자 한다.

3.1 연어에 대한 연구

3.1.1 연어의 개념

국어학분야에서 연어의 개념에 대한 연구는 1990년대부터 시작되었다. 이희자(1995)에서는 관용어와 연어를 포괄하는 관용구를 대상으로 내적 구조의 특성, 구성 요소들 사이의 의미상 관련성의 긴밀도, 어휘화 정도에 따른 유형 분류를 시도하여 형태적. 의미적. 통사적 연어로 나누었다. 어휘화된 정도와 긴밀도가 가장 높고 내적 구성에서도 여러 가지 특성을 보이는 것을 숙어라고 하고, 그 이외의 것을 연어라고 하였다.

김진해(2000)는 연어를 광의의 연어와 협의의 연어로 나누어 정의하였는데 광의의 연어는 "통사·의미론적으로 관련을 맺고 있는 어휘가 동일한 문맥에서 동시에 나타나는 어휘들의 공기관계", 곧 광의의 연어는 어휘들의 단순한 공기 현상을 포괄하는 개념이다. 반면에 협의의 연어는 '특정 어휘가 다른 어휘를 요구함으로 발생하는 어휘소들 간의 제한적 공기관계'라고 정의를 내렸다.[1]

임홍빈(2002)는 연어의 성격으로서 "연어 관계는 한 요소가 다른 요소를 선택하는 관계이다"라고 하여 이 연어의 선택에 있어서 "단일방향성"을 지지하면서도, 선택어가 될 수 있는 것은 체언만이며, 체언에 의한 용언의 선택만을 인정하였다.

이동혁(2004)는 연어를 "핵심어에 대해 어떤 관계를 가지는 어휘요소를 가리키는 말"로 본다.

임근석(2006)에서는 "연어핵"과 "연어변"이라는 용어를 사용하여, 어휘 요소 상호간의 결합 구성으로 선택의 주체, 즉 연어핵이 되는 어휘요소가 특정 한 어휘요소를 선호하여 선택한다고 보았다.

한국어 교육 분야에서는 연어의 개념 정의는 국어학 분야의 연어의 개념과는 조금 다르다. 주로 한국어 교육을 위한 연어 목록 제시나 교육 방안 마련과 같은 실질적인 부분에 초점을 두고 있다. 한국어 교육 분야에서 연어의 개념을 정리하면 다음과 같다.

강현화(1997)는 말뭉치에서 하나의 어휘 항목은 다른 몇 개의 어휘 항목과 함께 나타나는 경향이 많은데 이러한 어휘 항목의 긴밀하고 고정적인 공기관계는 연어로 정의하였다.

문금현(2002)은 둘 이상의 단어가 축자의미를 유지하면서 긴밀한 결합 관계를 형성하는 어군을 연어로 정의하였다.

한송화·강현화(2004)는 함께 나타나는 단어들의 결합 혹은 통계적으로 일

---

[1] 예를 들면, "먹다"는, 주어로는 "내가, 사람이, 우리가"와의 연결빈도가 많으며, "밥을, 약을, 저녁을, 음식을" 순으로 빈도가 높다. 또 "몹시 잘, 놓고, 맛있게" 등과의 연결이 많이 나타난 것으로 드러났다.

정한 수준 이상으로 함께 나타날 가능성이 더욱 많은 어휘들의 결합을 연어로 정의하였다.

이승연·최은지(2007)는 특정 맥락에서 하나의 어휘적 요소가 이어지는 어휘를 선택하는 관계이며, 두 어휘가 통사적, 의미적 결합 관계이면서 어휘적 선택 관계를 가지는 구성을 연어라고 정의하였다.

김원경(2010)은 특정 어휘들의 관습적인 긴밀한 결합 관계를 연어라고 정의하였다.

송대헌·윤정아(2015)는 명사항과 서술어의 문법적 선택 관계가 적절하지 않아도 적절한 의미를 갖는 구성과 서술어의 선택 제약이 아주 제한적으로 성립하는 구성을 연어로 정의하였다.

위에서 살펴본 정의들을 종합하여 본고에서는 연어를 '의성·의태어 앞뒤에 오는 두 개나 세 개의 제한적이고 관습적으로 결합하는 어휘 구성'으로 정의 하고자 한다.

3.1.2 연어 학습의 필요성

이 부분에서는 의성·의태어 학습에서 연어 학습이 중요한 이유에 대해 살펴보고자 한다. 특히 한국어를 배우는 외국인 입장에서 살펴본다.

일반적으로 한국어 의성·의태어 교육은 다음의 두 가지 방식으로 진행되어 왔다. 하나는 자음·모음 교체 및 반복 형태를 중점적으로 교육하는 방식이고, 다른 하나는 '-거리다,-대다,-이다,-하다' 등 파생 형태에 관한 교육 방식이다. 두 교육 방식 모두 단순히 단어의 의미만 중요시하는 방식임을 알 수 있다. 따라서 한국어 학습자는 실제 언어를 구사하는 상황에서 의성·의태어를 능숙하게 사용하여 의사소통을 하기가 어렵다. 다시 말해서, 학문적인 수준의 학습에 그친다는 문제점이 있다.

따라서 의성·의태어 교육은 실제 상황에 초점을 맞춰서 실용성과 유용성을 높일 수 있는 교수법 및 학습법으로 전환될 필요가 있다. 여기에는 개별적인 어휘가 아닌 연어 관계 중심으로 교육이 진행되어야 한다.

연어 교육은 끊임없이 그 중요성이 강조되어 왔다. Lewis(1993)는 어휘 접근법 및 분석되지 않은 단일한 어휘 뭉치를 통한 학습 등을 강조했다. Lewis(2000)와 Hill(2000)은 어휘는 일반적으로 전후의 기타 어휘들의 영향을 받아 그 의미가 결정되며, 많은 경우에 어휘는 단독으로 사용되지 않고 서로 결합된 형태로 사용된다고 언급했다. 따라서 어휘를 학습할 때는 연어 형태로 학습하는 것이 더 효과적이라고 주장했다(이선정 2012:13 재인용). Nation(2001)은 어휘 학습 과정에서 수용적 어휘 지식뿐만 아니라 생산적 어휘 지식도 학습자에게 제공되어야 하며, 수용적 어휘에만 국한되지 않고 생산적 어휘까지 다루기 위해서는 단어의 의미, 발음, 쓰는 방법 등에서부터 정확한 문법적 패턴, 다른 어휘들과의 연어 등까지 학습해야 한다고 주장했다(권지현 2011:13 재인용).

Hill(2000: 53-56)은 어휘 교육에 있어서 연어의 중요성을 다음의 9가지로 정리하였다(이선정 2012:17 재인용).

1. 어휘의 결합 방식은 자의적이지 않다. 함께 구성하는 어휘를 선택할 때 자유자재로 어휘를 결합하는 것이 아니라, 그 단어와 인접하여 함께 나타나는 단어들로 결합하여야 한다.

2. 연어를 학습한 언어 사용자들은 한 단어가 특정 어휘와 함께 연결되는 패턴을 알게 되면서 어떤 단어나 표현이 나올지 예측할 수 있게 된다.

3. 연어는 새로운 어휘의 망, 즉 심적 어휘를 구성하는 것이다. 연어의 예측 가능성의 영역은 매우 광범위하다. 우리가 말하고, 듣고, 읽고, 쓰는 것의 약 70%가 고정된 형태의 말과 글이다.

4. 말뭉치 표현, 즉 연어는 학습자에게 심적 어휘로부터 언어적 정보를 처리하는 데 부담을 덜어주며 연어를 통해 표현을 덩어리째로 이해하거나 처리하게 되면 언어 발달이나 처리과정을 촉진해 준다.

5. 유창성을 향상시키게 하며 효율적으로 의사소통하게 된다.

6. 연어는 학습자들이 복잡한 생각이나 개념들을 표현하려 할 때, 자연스러운 어휘 선택능력을 갖출 수 있도록 돕는다.

7. 연어는 의사소통 과정에서 더욱 경제적이고 보다 효과적으로 의사를 전달하도록 도와준다.

8. 연어를 통해 어휘를 학습하면 듣기, 말하기, 쓰기, 읽기 등에 도움이 되며 특히 발음에 도움이 된다.

9. 뭉칫말로 묶어서 학습하는 것이 필수이다.

최근 한국어 교육 분야의 연구에서도 연어 학습의 중요성을 다루는 경우가 꾸준히 증가하고 있다. 그 이유 중 하나는 원활하고 효과적인 의사소통을 위해서는 연어를 통한 어휘 학습이 필요하다는 인식이 대두되어 왔기 때문이다. 어휘는 자의적으로 결합되는 것이 아니며 어휘 선택은 예측 가능하기 때문에 연어 학습이 중요한 것이다. 한국어 교육에서 연어 교육을 연구한 업적은 다음과 같다.

문금현(2002)은 연어 표현 능력이 전체적인 의사소통 능력에서 차지하는 비중이 매우 크다고 언급하면서 연어 학습의 중요성을 강조했다. 외국인이 어휘를 배울 때 연어에 대한 이해도가 관용표현에 대한 이해도보다 높지만, 빈번하게 함께 나타나는 구절이기 때문에 학습에 어려운 점이 많다는 것이다. 강현화(2004, 2008)는 기본적인 문법과 단어를 많이 알고 있는 학습자라고 할 지 라도 언어의 생산적인 부분에서 유창하게 연어를 구사할 수 있는 능력이 부족한 경우가 많다고 언급했다. 또한, 연어는 일반적으로 사전에서 찾아보기 힘들고, 사용할 때의 규칙이나 주의점 등을 외국인 학습자가 쉽게 알 수 없기 때문에 체계적인 학습이 필요하며, 중급 및 고급 학습 단계의 학습자들이 자주 범하는 실수가 연어와 관련된 부분이라고 언급했다. 가장 바람직한 오류 수정 방법은 문법적인 교정이 아닌 덩어리 단위로 나타나는 어휘 표현에 대한 수정 이라고 주장했다. 문정현(2011)은 한국어 학습자에게 상징부사 및 그것과 자주 사용되는 어울리는 용언들을 같이 제시함으로써 학습자의 부담감과 오류를 줄 일 수 있으며, 학습자가 정확하고 유창하게 한국어를 구사하는데 도움이 된다 고 여겼다. 함윤희(2011)는 상징부사를 중심으로 하는 연어 교육에서는 학습자가 상징부사의 연어적인 성질을 인식하는지 여부가 중요하다고 여겼다. 상징 부사 중심 연어가 몇 개의 유형으로 구분된다는 것을 학습자가 인식하도록 해야 하며, 음절 반복이나 음운 교체 등의 관련어 정보도 함께 제공되는 것이 효과적이라고 언급했다. 배도용(2013)은 의성·의태어를 전문적으로 다루는 한국어 교재의 개발 방향을 제시했다. 또한, '의성·의태어+서술어' 구조의 덩어리(chunk) 형태를 제시하였고, 학습자의 학습 목적에 관계없이 실제 언어 활용 능력을 향상시키는 것이 중요하다고 주장했다. 한편, 송정선(2009)은 학습 자가 연어를 인지하도록 하는 데에만 치우친 교수법은 효과적이지 않으며, 연어 학습 목적 및 학습자들의 수준을 고려하여 연어 교육을 진행해야 한다고 언급했다.

이상의 논의들을 통해 외국인 학습자 입장에서 연어에 대한 교육은 의사소통 능력을 가늠하는 잣대가 될 정도로 매우 중요하며, 연어 교육에는 체계적인 절차가 필요하다는 것을 알 수 있다.

한편, 한국어 교육 분야에서 오류와 관련된 연구에서도 연어 교육의 중요성을 찾아볼 수 있다. 왕혜숙(1995)은 학습자의 언어 수준이 높아질수록 잘못된 연어 사용으로 인한 문제점이 커진다고 언급했다. 김중섭(2001)은 한국인 학습자가 자주 범하는 의성·의태어와 관련된 오류를 분석했으며 음운적 오류, 형태적 오류, 의미적 오류로 구분했다. 의미적 오류의 예로 '바람이 훨훨 불고……', '눈물이 무뚝뚝 떨어졌다', '나는 아득바득 공부하기 시작했다' 등 상황과 맞지 않게 사용된 경우를 제시하면서 학습자들이 의미를 확실히 알 수 있도록 하는 교육의 필요성을 강조했다. 위와 같은 연어와 관련된 오류들은 대부분 의성·의태어를 단일한 어휘 단위로 학습했고 연어를 체계적으로 학습하지 못했기 때문이다. 따라서, 빈번하게 같이 사용되는 어울리는 용언을 연어와 함께 체계적으로 학습함으로써 학습자는 오류를 줄일 수 있다.

앞선 논의들을 종합하자면, 중국인 학습자를 대상으로 하는 의성·의태어교육은 음절이나 자모의 대립으로 어감의 차이를 인지시키는 기존 어휘 중심 의 수업을 탈피하여 다른 문장 성분과의 제약적인 관계를 고려하여 연어가 중심이 되고 전체적인 맥락을 이해시키는 수업으로 설계되어야 한다. 그러므로, 연어 관계를 활용하는 의성·의태어 교육은 중국인 학습자들이 배운 어휘를 실생활 중에 오류 없이 사용하게끔 만들어주고 더욱 정확하고 유창하게 언어를 구사할 수 있도록 만들 수 있기 때문에 매우 중요하다고 할 수 있다.

3.2 말뭉치를 통한 의성·의태어의 연어 분석

말뭉치를 활용하는 이유는 개인의 직관보다 더 객관적인 결과를 얻을 수 있기 때문이다. 따라서 본고에서는 <21세기 세종계획> 말뭉치 검색기인 <한마루2.0>을 활용하여 연어 결과를 얻도록 했다. 또한, 앞에서도 언급했듯이 고급 단계에 해당하는 의성·의태어가 다의적인 경우가 많기 때문이다. 문맥이 제시되지 않은 상황에서는 구체적인 뜻을 알 수가 없다. 따라서 해당 어휘의 다의적 의미를 함께 고찰할 필요가 있다고 본다. 학습 연어 목록에 어떤 다의어를 포함할 것인가는 <한마루2.0>의 검색 결과에 의한다. 예를 들어, '꼬르륵'의 경우, 총 20개의 문장 중 '닭이 놀라서 지르는 소리', '액체가 좁은 구멍으로 가까스로 지나가는 소리'의 의미로 사용된 문장은 각 한 문장씩뿐이었다. 이와 같이 말뭉치 예문 중에 나타나지 않거나 사용빈도가 지나치게 낮은 것은 표제 어에서 제외시킨다. 이어서 말뭉치를 통한 의성·의태어의 연어 분석 결과에 대한 표기 방법을 설명하겠다. 중국인 학습자가 간단하고 쉽게 볼 수 있도록 간단명료한 표기 방법이 학습에 도움이 된다고 판단하여 다음과 같이 2가지 유형으로 제시하였다.

유형1:
예: 개구리가 개굴개굴 운다.
　본고에서는 이러한 한가지 체언만 올 수 있는 특정 어휘의 경우에는 기호를 사용 하여 '{개구리}①가 +②개굴개굴 + 운다'로 표기하였다.

유형2:
예: 눈물이 주르르 흘렀다.
　예처럼 공기할 수 있는 체언은 특정한 의미자질로 표시되는 어휘가 여러 개 올 수 있는 경우에는, 공동의 의미자질을 표시하여 '[액체]③+ 주르르 흐르다'로 표기하였다.

이처럼 본 연구에서는 의성·의태어의 연어 목록 제시 시 의성·의태어와 공기할 수 있는 체언을 표기하였으며, 중국인 학습자의 이해를 돕기 위해서 부호는 최대한 간단하고 명료하게 표시하였다. 말뭉치를 통한 의성·의태어의 연어 분석 결과의 예시를 보이면 다음과 같다.

번호	의성·의태어	소리	모양	체언	용언
1	가득01		√	[공간]	차다
2	가득01		√	[액체]	따르다
3	꽉		√	[물체],[신체]	잡다
4	꽉		√	[물체],[신체]	누르다
5	꽉		√	[공간]	차다
6	꽉		√	{숨},{코},[생각],[물체]	막히다
7	깜박/깜빡④		√	[사람]	졸다
8	깜박/깜빡		√	[사물],[사건]	잊다

①개별적인 어휘는 { }로 표시하였다.
②연결 관계라는 것을 알 수 있도록 '+' 표시를 사용해서 체언과 의성·의태어, 그리고 용언의 연결 관계를 알 수 있도록 표시하였다.
③의미자질은 [ ]로 표시하였다.
④'깜박'과 '깜빡'은 단어 의미도 같고 용언도 같다. 다만 정도만 차이가 있을 뿐이다.

번호	의성·의태어	소리	모양	체언	용언
9	깜짝02		√	[사람],[동물]	놀라다
10	건들건들		√	{바람}	불다
11	건들건들		√	[사람]	걷다
12	건들건들		√	[사물]	흔들다
13	꼬르륵	√		{배}	소리 나다

…(부록)

3.3 연어 관계를 이용한 의성·의태어의 교수·학습

본고에서는 중국인 중·고급 학습자에게 의성·의태어 지도는 지식적 가치보다는 언어 사용 기능과 작문의 기초적인 내용 요소, 즉 표현적 가치에 더 초점을 맞추어 지도하도록 설정하고자 한다. 따라서 본 절에서는 중국인 중·고급 수준 학습자들의 쓰기 능력을 향상시키기 위하여 의성·의태어를 활용한 쓰기 활동 위주의 실험적 연구를 실시하였다. 이를 통하여 의성·의태어 교수·학습 지도가 학습자의 어휘·쓰기 능력에 어떠한 영향을 미치는지 관찰 및 분석함으로써 학습자들의 한국어 어휘·쓰기 능력을 향상시키는 방안을 도출 하는데 연구의 목표가 있다.

여기서는 중국인 중·고급 학습자의 쓰기 능력에 미치는 연어 관계를 이용한 의성·의태어의 영향을 알아 볼 것이다. 이에 따라 본 연구에서는 다음과 같은 연구 가설을 설정하였다.

1. 연어 관계를 이용한 의성·의태어 학습이 학습자의 어휘 능력을 향상시키는가?

2. 연어 관계를 이용한 의성·의태어 학습이 학습자의 쓰기 능력을 향상시키는가?

본 절에서는 앞 절에서 선정한 학습용 의성·의태어의 연어 목록을 바탕으로 의성·의태어를 사용하여 한국어 어휘·쓰기 능력을 향상시킬 수 있는 수업모형을 제시하고자 한다. 본 연구는 중국 煙台N대의 한국어학과 3학년 학생 15명을 대상으로 하였다. 연구에 참여한 학습자들은 의성·의태어를 강조하는 어휘 수업을 받아본 경험이 없었다.

3.3.1 교육 모형의 설정

본 절에서는 앞 장에서 제시한 의성・의태어의 연어 목록을 바탕으로 연어 관계를 이용한 의성・의태어 수업 모형을 제시하고자 한다. 이를 위해 어휘교육 모형 중에서 대표적 모형인 PPP(presentation-practice-production)모형 과 OHE(observation-hypothesis-experiment) 모형의 특징을 살펴보고, 이것을 바탕으로 연어 관계를 이용한 의성・의태어 교육을 위한 수업 모형을 제안하도록 한다.

그동안 의성・의태어를 가르치는 수업 모형으로 PPP 모형을 많이 사용했다. 이에 관한 연구 업적으로는 김중섭(2001), 배현숙(2006) 등이 있다. 그 중에서 배현숙의 교수법[1]이 가장 광범위하게 사용된다. 본 논문의 교수법과 비교하기 위해서 통제반의 의성・의태어 수업에도 이 교수법을 채택했다. PPP 모형의 학습에서는 제시 단계에서 맥락 속의 짧은 예문이나 듣기 자료를 통해 목표어 항목을 도입한 후 의미와 규칙을 설명한다. 연습 단계에서는 형태에 초점을 두고 통제된 반복 연습, 유의적인 연습을 통해 학습자들이 목표어 항목을 정확하게 이해하고 내재화할 수 있도록 돕는다. 사용 단계에서는 자연스러운 발화 상황에서 목표어 항목을 유의미하게 사용하기 위해 과제나 역할극 등 으로 유창성 발달을 돕는다(한국어 교육학 사전 2014: 979~980). 그러나 이 모형은 학습자에게 새로운 내용을 교육하는 활동 중심으로 이루어지게 되며, 사전에 결정된 교육 내용을 교사가 중심이 되어 학습자에게 전달하는 방법을 사용함으로써 학습자가 주체가 되기보다는 수동적인 역할에 머무르게 되는 경우가 많음이 문제점으로 지적된다. 그리고 제시 단계에서 형태의 정확성을 지 나치게 강조하여 생산 단계에서 학습자에게 효과적인 활동을 제공하지 못한다 는 점이 비판을 받고 있다.

Lewis(1993)가 제시한 OHE 모형은 학습자에게 다양한 언어적 자료를 제시하고 그 자료의 분석적 관찰을 통해 학습자가 가설을 설정하고 그 가설을 확인하는 실험을 수행하는 관찰 단계(observation), 가설 단계(hypothesis), 탐구

---

[1] 첫째, 음절 자모 대립에 의한 어감의 차이를 인지를 인식시키고, 둘째, 형태 인지 후 동작의 모방 등으로 의미를 확실히 인지시킨다. 셋째, 자모의 대립, 평음, 유기음, 경음의 대립이 가지는 의미 구분 및 상황 구분을 위해서 시각적 자료를 이용하여 문맥에서 동작의 상황이나 배경을 제시한다. 넷째, 반복 연습을 통해서 의미와 형태를 확실히 익힌다. 마지막으로 사용해보는 과정이다.

시도 단계(experiment)로 이루어진다. 이 모형은 가장 큰 장점으로는 학습자에게 능동적인 역할을 부여한다는 것을 꼽을 수 있다. 그러나 목표 언어에 대해 직관이 없는 중국인 학습자가 관찰을 통하여 해당 항목이 연어인지 아닌지를 인지하고 거기에서 규칙을 찾아내는 것은 쉽지 않다. 언어는 일정한 규칙에 의해서 구성된 것이라기보다는 모국어 화자들이 특정 표현을 관습적으로 사용 하면서 굳어진 표현이기 때문이다.

이에 본고에서는 실험반에 대해 PPP와 OHE를 결합한 교수법을 채택하고자 한다. 기존의 PPP 모형을 수용하되, OHE 모형의 장점을 이용하여 단어 형태를 지나치게 강조하는 PPP 모형의 단점을 보완했다. 앞서 언급한 '반짝반짝'과 '반짝'의 사용상의 차이점을 그 예로 들 수 있다. 연어 교수법을 통해서 기존의 PPP 모형이 가지고 있었던 해결하기 어려운 문제를 해결할 수 있다. 따라서 도입 및 정리 단계에 대해서는 통제 집단과 동일한 조건으로 설계했다. 그러나 제시 단계에서는 학습자가 제공받은 학습 자료 등을 통해서 스스로 먼저 학습 내용을 접하여 자연스럽게 언어 항목을 익힐 수 있도록 어휘에 대한 교사의 일방적인 설명 과정을 없앴다. 학습 자료로 앞서 언급한 '연어 목록'을 이용하여 생동감 있고 재미있는 대입 방식을 활용하여 학습자의 흥미를 충분하게 불러일으킨다. 연습 단계는 OHE 모형의 가설 단계에 해당한다. 연습 단계에서 어휘의 확장과 관련된 부분에 대해서도 교사가 직접적으로 통제하여 연습시키지 않고 학습자가 스스로 과제를 하며 학습할 수 있도록 설계했다. 활용 단계는 실제적인 의사소통을 향상시키고 어휘에 대한 자신감을 높이는 단계이며, OHE 모형의 탐구 시도 단계에 해당한다. 이 단계는 학습자가 학습한 연어 지식을 능동적으로 사용할 수 있도록 실제적인 의사소통에 초점을 맞추어 구성했다.

이에 PPP 모형의 단점을 보완하고 OHE 모형의 장점을 수용하여 '준비-제시-연습-활용-정리'의 단계에 따라 수업을 진행한다. 학습자들이 스스로 연어가 가지고 있는 규칙을 발견하고 받아들일 수 있게 하기 위해서 많은 언어적 정보와 학습 자료를 학습자들에게 제공하였다. 언어 사용 및 유창성 방면에서 OHE 모형이 가지고 있는 장점, 개념 및 인지를 중심으로 하는 학습 과정 등을 중시하고 학생을 우선적으로 고려하여 수업을 설계했다. 수업을 위한 실험 집단의 지도 방향은 다음과 같다.

<표 28> 실험 집단의 수업 지도 방향

학습 목표	1. 해당 의성·의태어의 연어 정보를 이용하여, 상황 맥락에 맞는 의성·의태어를 선택하여 적절하게 사용할 수 있다. 2. 연어 관계를 이용한 의성·의태어를 사용하여 문장 쓰기를 완성할 수 있다.		
단계	학습내용	교수·학습 활동	교수·학습 전략 및 방법
준비	의성·의태어의 노출 및 인식	• 의성·의태어를 강조하여 수업 분위기를 조성한다. • 의성·의태어에 대한 개념을 확립하는 단계이다. • 의성·의태어를 재료에서 사용하는 이유와 방법을 가르친다.	• 의성·의태어를 사용하지 않은 문장과 의성·의태어를 사용한 문장을 제시한다.
제시	연어 관계를 이용한 의성·의태어 인식	• 본 수업 내용 제시하기 • 제시된 연어 활동을 통해 학습자가 의성·의태어 사용의 규칙을 발견하기 • 서로 어울리는 연어 쌍을 찾아 연결하는 활동을 통해 적절한 규칙을 파악하기 • 의성·의태어의 연어 관계를 충분히 인식 시키기 • 게임 하기	• 연어 활동을 통해서 의성·의태어의 역할을 알려주기 • '연어 목록' 적용하기
연습	의성·의태어 연어 관계 알고 연습하기	• (의성·의태어와 해당어휘와 어울리는 용언과 같이)말해보기 • 오류를 일으키는 연어적 표현을 제시하여 연어를 인식하기 • 연어를 활용하여 문맥에 적합한 문장을 완성하기	• 문장 고치기 • 빈칸 채우기 • 문장 만들기
활용	문장을 다양하게 표현하기	• 연어 지식을 활용하여 문맥에 적합한 문장을 완성하기 • 연어를 활용하여 의성·의태어의 다의적인 용법을 파악하기 • 그룹별 연어 찾아내기 게임을 통하여 연어의 규칙성을 발견하기 • 연어 의미망 구축하기 • 의성·의태어의 연어 지식을 활용하여 문장을 자유롭게 표현하기	• 짧은 문장 쓰기 • 바꿔 쓰기 • 게임 하기
정리	학습 내용 정리/ 학습 목표의 달성 여부 확인	<교사> 연어 학습에 대한 결과 정리 • 교사는 그날 학습한 내용과 관련된 과제물을 학습자에게 제시한다	• 과제 제시

준비단계는 학습 초기부분에서 실험 대상인 학습자가 의성·의태어에 체계적인 학습 경험이 거의 없고, 의성·의태어에 대한 인식이 부족한 것으로 나타난 학습자들에게 의성·의태어에 관한 인식을 높이도록 하였다. 따라서 본격적인 수업에 들어가기 전에 미니 레슨(mini lesson) 형태로 의성·의태 어를 사용하는 이유와 방법을 가르치도록 하였다. 의성·의태어를 사용한 문장과 의성·의태어를 사용하지 않은 문장을 비교함으로써 의성·의태어 사용으로 인해 어떠한 의미 차이가 생기는지 알아 볼 수 있다. 이 단계는 의성·의태어에 대한 개념을 확립하는 단계이다. 이 단계에서는 의성·의태어를 사용하는 이유와 방법을 가르치는 단계이다.

제시 단계는 교사가 몸짓①으로 보여주고 학습 내용에 대해 관심을 유발하도록 한다. 앞 절에서 제시한 연어 자료 활용은 학습자가 의성·의태어가 꾸며주는 어휘를 찾아 연습을 통해 의성·의태어가 꾸미는 역할을 한다는 것을 이해하고 연어 관계를 인식하도록 한다.

연습 단계에서는 제시 단계에서 주목한 의성·의태어를 활용한 다양한 연어 학습 활동을 포함하여 제시함으로써, 학습자들이 흥미를 가지고 제시된 의성·의태어의 연어 규칙성을 찾아내고, 의성·의태어의 호응 관계가 어긋나면 어색해짐을 알게 된다. 호응 관계에 맞는 의성·의태어를 이용해 짧은 글짓기를 해본다.

활용 단계에서 교사는 학습자가 이미 학습한 내용을 바탕으로 재구성한 자료를 활용하여 확장된 형태의 의성·의태어 학습 활동을 제시함으로써, 학습자들이 세운 규칙을 직접 실험해 볼 수 있도록 하였다. 이 단계에서 교사는 학습자들이 자신들의 기존 어휘지식을 활용하여 현재의 연어 규칙과 관련된 연어를 구성해 보도록 함으로써, 연어 학습 활동에서 학습자의 융통성과 창의성을 적극 격려하였다.

정리 단계에서는 본 교실 수업에서 학습한 내용을 정리하고 제시 단계에서지시된 학습 목표가 완수되었는지를 점검하며, 수업 전체에 대한 피드백을 한다. 또한 그날 학습한 내용과 관련된 과제물을 학습자에게 제시한다.

3.3.2 연어 관계를 이용한 의성·의태어 교수·학습의 실제

본 절에서는 상술한 의성·의태어 교수·학습 모형을 구체적인 의성·의태

---

①동물이나 사람의 동작을 나타나는 의태어는 그 뜻을 말로 설명하기 좀 어렵지만 행동으로 보여 주면 학습자들은 금방 이해할 것이다. 이렇게 어휘의 뜻을 행동으로 보여주는 방법이 행동 극화법이라고 한다.

어 수업에 적용해 보고 교육 효과를 검증하고자 한다.

(1) 준비 단계

우선 '의성·의태어가 생략된 글'과 '의성·의태어가 생략되지 않은 글'을 제시한다. 학생들에게 단문1)과 단문2)의 비교를 통해 문장에서 의성·의태어의 역할을 더욱 직관적으로 이해하게 해준다.

1) 해마다 봄비가 내릴 때면 단비를 맞은 소귀나무는 한결 아름답습니다. 파란 잎사귀들은 더욱 생기를 띠고 갈색 꽃봉오리들은 피어 납니다. 갸름한 잎사귀들과 어여쁜 꽃송이들은 안개비속에서 웃는 것만 같습니다. 단오가 지나면 소귀나무는 가지가 휘도록 열매가 열립니다. 보기만 하여도 군침을 삼키게 됩니다. 열매에는 센 가시가 있는데 익으면서 보드라워집니다.

2) 해마다 봄비가 <u>보슬보슬</u> 내릴 때면 단비를 <u>담뿍</u> 맞은 소귀나무는 한결 아름답습니다. 파란 잎사귀들은 더욱 생기를 띠고 <u>봉긋봉긋한</u> 갈색 꽃봉오리들은 <u>활짝활짝</u> 피어납니다. 갸름한 잎사귀들과 어여쁜 꽃송이들은 안개비속에서 <u>방그레</u> 웃는 것만 같습니다. 단오가 지나면 소귀나무는 가지가 휘도록 <u>다닥다닥</u> 열매가 열립니다. 보기만 하여도 군침을 <u>꼴딱꼴딱</u> 삼키게 됩니다. <u>동글동글한</u> 열매에는 센 가시가 있는데 익으면서 보드라워집니다.

<교사> 여러분, 2)에서 밑줄 그은 어휘가 어떤 어휘일까요?

<학생> 발표하기

<교사> 2)에서 밑줄 그은 어휘가 바로 의성·의태어입니다. 1)과 2)의 문장은 무슨 차이가 있을까요?

<학생> 발표하기

<교사> 의성·의태어를 사용하면 어떤 점이 좋을까요?

<학생> 발표하기

<교사> 의성·의태어에 대한 설명

-> '봉긋봉긋', '활짝활짝', '방그레' 등 꾸며주는 말로 잎사귀와 꽃봉오리에 대하여 생동감 있게 묘사하였다.

-> '다닥다닥'은 열매가 열린 모습을 생동감 있게 나타낸다.

-> '동글동글'은 열매의 생김새의 특징을 썼다.

3. 의성·의태어의 교육 방안

(2) 제시 단계

제시 단계에서는 모든 의성·의태어의 제시를 네 과정으로 진행한다. 먼저, 학생들에게 익숙한 동사를 제공해 준다. 이렇게 학생들이 공부하려는 의성·의태어의 기본 정보를 알 수 있게 한다. 둘째, 신체 동작을 통해 제시한다. 셋째, 질문한다. 넷째, 앞에서 제시한 '연어 목록' 및 규정된 표기법을 사용하여 학생들이 더욱 깊이 있게 단어가 내포하는 의미와 사용법을 이해하게 해주고 필요시 기억 속 어휘 덩어리 형식에서 직접 찾아 사용하게 하여 정확한 사용을 보증한다. 아래는 '꾸벅꾸벅'을 사용해서 예를 든 것이다.

1. 자체 제작한 동사 카드를 꺼낸다.-> 졸다
2. 꾸벅꾸벅하는 동작을 하면서 학생들에게 질문한다.-> "어떻게 졸아요?"
3. "누가 어떻게 졸아요?"
4. 칠판에 '[ ] + 꾸벅꾸벅 + 졸다'라고 쓴 후, 학생들에서 [ ] 표시의 의미를 설명해 준다. 예를 들어 설명한다.

이러한 방식으로 본 단원에서 학습해야 하는 10개 단어를 전부 이런 방식으로 하나씩 진행한다.

---

1. <교사> 교사가 몸짓으로 보여주고 의성·의태어를 다음과 같이 제시하기
1) [ ] + 꾸벅꾸벅 + 졸다
2) [ ] + 건들건들 + 걷다
3) { } + 벌컥벌컥 + 마시다
4) [ ] + 꼬박꼬박 + 내다
5) [ ] + 꾸역꾸역 + 먹다
6) [ ] + 꼭꼭 + 숨다
7) [ ] + 느릿느릿 + 걷다
8) [ ] + 도란도란 + 이야기하다
9) { } + 기웃기웃 + 들여다보다
10) [ ] + 새근새근 + 잠자다
<교사> 위의 의성·의태어의 뜻을 추측하기
<학생> 발표하기

2. <교사> 의성·의태어의 역할 알려주기
-> 의성·의태어는 뒤에 오는 어휘를 보다 자세하게 꾸며주는 기능을 한다.

-> 인물의 행동을 재미있게 나타낼 수 있다.
-> 눈으로 보는 것처럼 실감나게 표현할 수 있다.
<교사> 의성・의태어가 꾸며주는 어휘를 찾아 다음과 같이 표시해 보세요.
-> 찌개가 보글보글 끓다.
<학생> 발표하기
<교사> 다음에 대해 생각해보시오. 괄호 안에 있는 것이 어떤 어휘인가? 이 어휘 들과 의성・의태어들은 어떠한 관계가 있는가?
<학생> 발표하기
<교사> 학생들에게 의성・의태어와 체언 및 용언 간의 연어 관계를 설명한다.

3. 동사 카드를 학생들에게 나눠주고 팀을 나눠서 연습한다. 익숙해진 후에 두 팀으로 나눠서 시합한다.

(3) 연습 단계

1. <교사> 의성・의태어와 어울리는 용언이 있음을 배웠습니다. 여러분, '바람이 살랑 살랑 불다' 처럼 호응 관계가 있는 의성・의태어와 함께 사용할 수 있는 비슷한 의성・의태어를 말해보세요.
<학생> 발표하기

2. <교사> 다음은 의성・의태어가 어울리지 않게 사용되었습니다. 왜 그런지 이유를 말해 보세요.
1) 꾸벅꾸벅 자다 ->
2) 꾸역꾸역 마시다 ->
3) 벌컥벌컥 먹다 ->
4) 느릿느릿 뛰다 ->
5) 새근새근 졸다 ->
<학생> 발표하기

3. <교사> 빈 칸에 알맞은 의성・의태어를 채워보세요.
1) 두 여자애가 작은 소리로 (   ) 정답게 이야기한다.
2) (   ) 자고 있는 아이에게 가볍게 입을 맞추었다.

3) 그는 물 한 대접을 들어 (   ) 마셨다.
4) 거기서 (   ) 뭘 들여 보고 있느냐?
5) 수업이 지루한지 학생들이 (   ) 졸았다.
<학생> 발표하기

4. <교사> 다음 동사와 관련된 의성·의태어를 말해 보세요.
1) 마시다
2) 먹다
3) 걷다
4) 들여다보다
5) 인사하다

5. 위 4번의 표현을 이용해서 문장을 만들어 보세요.
<학생> 발표하기

(4) 활용 단계

문장을 다양하게 표현하기

1. <교사> 다음 밑줄 친 낱말을 의성·의태어로 바꿔 쓸 수 있는 말을 이야기 해 보세요.
1) 배가 <u>천천히</u> 가고 있다.
2) 큰소리가 <u>깊이</u> 잠든 아이를 깨어나게 하였다.
3) 사람들이 백화점에 <u>한꺼번에</u> 밀려들었다.
4) 이렇게 밥을 잘 <u>씹어</u>야 되잖아.
<교사> 의성·의태어를 바꾸면 느낌이 어떻게 달라지나요?

2. <교사> 다음 중 '꼭꼭' 뒤에 오는 낱말 중 어울리는 낱말은 무엇일까요?
　ㄱ. 숨다　　ㄴ. 얼다　　ㄷ. 씹다　　ㄹ. 구르다　　ㅁ. 감다
　<교사> 다음 중 '건들건들' 뒤에 오는 낱말 중 어울리는 낱말은 무엇일까요?
　ㄱ. 일하다　　ㄴ. 불다　　ㄷ. 걷다　　ㄹ. 말하다　　ㅁ. 흔들다
　위와 같이 몇몇 의성·의태어는 어울리는 낱말이 한정되어 있습니다. 이러한 의성·의태어의 예를 더 말해보세요.
<학생> 발표하기
<교사> 어휘 확장 활동을 하면서 문장을 만들어 보세요.

3. <교사> 게임을 해봅시다.(교사는 이 게임을 필요한 연어를 선정하여 두 사람에게 나누어준다. 한 학습자에게는 A카드(동사가 적힌 것을) 주고 나머지 학습자에게는 B카드 (의성·의태어가 적힌 것을) 준다. 한 학습자가 동사를 부르면 다른 학습자 는 그 동사의 짝이 되는 의성·의태어를 찾아낸다.)

A카드

불다	걷다	먹다	마시다
졸다	흔들다	씹다	숨다
이야기하다	인사하다	들여다보다	자다

B카드

꾸벅꾸벅	건들건들	벌컥벌컥	꼬박꼬박
꾸역꾸역	꼭꼭	느릿느릿	도란도란
기웃기웃	새근새근		

4. 위에 연어를 표로 정리하십시오.

체언	의성·의태어	용언
사람	꾸벅꾸벅	졸다
사람	벌컥벌컥	마시다
……	……	……

5. <교사> 연어 의미망 그리기 활동(아래 그림에 제시된 신체 부위와 관련 있는 의성·의태어를 모두 적어 보세요.)

3. 의성·의태어의 교육 방안

신체 부위	의성·의태어
귀	
눈	
입	
머리	
어깨	
가슴	
배	
발	

6. 다음 그림을 보고, 위 5번의 표현을 이용해서 등장인물들의 행동을 묘사하는 글을 써봅시다.

(5) 정리 단계

가. 본 교실 수업에서 학습한 내용을 정리하고 제시 단계에서 지시된 학습 목표가 달성되었는지를 점검하며, 수업 전체에 대한 피드백을 한다.

나. 교사는 그날 학습한 내용과 관련된 과제물을 학습자에게 제시한다.

이상으로 중국인 중·고급 학습자를 위한 의성·의태어 교수·학습 모형의 실제를 고안하고자 하였다. 이제 이러한 의성·의태어 교수·학습 모형의 효과를 검증해 보자.

3.4 연어 관계를 이용한 의성·의태어 교육의 효과 검증

본 절에서는 의성·의태어를 교수할 때 연어 관계를 이용한 학습자 중심 교수법이 전통적 교사 중심 교수법보다 언어 평가 결과에서 유의미한 차이를 보일 것이라는 가설을 증명하고자 한다.

3.4.1 실험 연구 대상의 선정

본 연구는 중국 煙台 N대 한국어 학과(에) 다니는 3학년 학생 30명을 대상으로 2017년 5월 8일~2017년 5월 29일까지 전체 3주로 연구 기간을 설계하였다. 전체 연구 기간 중 1주 5월 8일은 실험반과 통제반으로 나누고 의성·의태어에 대한 어휘. 쓰기 사전 검사를 실시하였다. 2주 5월 15일~5월 16일까지는 어휘 수업지도안을 토대로 수업을 실시하였으며, 2주가 지나 5월 29일에는 어휘·쓰기 사후 검사를 실시하였다. 지금까지 언급한 연구 절차는 아래<표 29>와 같다.

<표 29> 실험 연구 절차

실험반/통제반			
날짜	연구 방법	사전 어휘 능력 검사	사전 쓰기 능력 검사
5월 8일	실험반/통제반 으로 나누기	검사 실시	검사 실시
5월 15일	수업 실시		
5월 16일	수업 실시		
5월 29일	사후 어휘·쓰기 검사 실시		

본 실험을 하기 전에 실험 집단과 통제 집단으로 나누어서 실험 수업을 하기 전 먼저 두 집단[1]의 동질성 확인을 위해서 사전 검사를 실시하였다. 구체적인

---

[1]본고는 煙台 N대 한국어 학과 다니는 3학년 학생을 연구 대상으로 선정했다. 이 30명의 학생 을 지난 학기 전공과목의 기말고사 성적에 따라 2집단으로 분류했다. 이 중 한 팀은 실험 반으로 남 은 한 집단은 통제반으로 삼고, '사전 어휘·쓰기 평가'를 통해 2 집단 학생의 한 국어 수준이 동질한지 확인했다.

실험 결과는 다음과 같다.

<표 30> 집단별 사전 검사 점수

피험자	실험반 사전 검사		피험자	통제반 사전 검사	
	어휘	쓰기		어휘	쓰기
A1	66	70	B1	80	68
A2	70	65	B2	72.5	60
A3	64	63	B3	46	63
A4	40	60	B4	62.5	60
A5	82.5	58	B5	82.6	52
A6	56	78	B6	66	74
A7	54	88	B7	74	86
A8	60.5	40	B8	68	42
A9	64	45	B9	54.5	48
A10	60.5	68	B10	64	65
A11	64.5	66	B11	70	66
A12	70	56	B12	56.5	58
A13	62	60	B13	66	56
A14	44.5	50	B14	64	54
A15	52	65	B15	50	68
평균	60.7	62.1	평균	65.1	61.3

<표 31> 어휘 평가에 대한 사전 검사 결과

평가내용	집단	인원(N)	평균(M)	표준편차(SD)	t값	유의도(p)
사전 어휘 평가	실험반	15	60.7	10.5	1.159	0.256
	통제반	15	65.1	10.3		

위 <표 31>은 실험반과 통제반을 대상으로 어휘 수준에 대해 동질적인 집단으로 구성되어 있는지를 검정한 결과이다. 결과를 살펴보면, 어휘 평가 점수에 있어 실험반은 M=60.7점으로 나타나고, 통제반은 M=65.1점으로 나타났다. 실험반은 통제반의 평균에 비해 다소 낮게 나타났으나 통계적으로 유의미한 차이는 나타나지 않으며 두 집단 간은 동질한 집단으로 볼 수 있다고 확인할 수 있다.

다음은 실험반과 통제반을 대상으로 쓰기 수준에 대해 동질적인 집단으로 구성되어 있는지를 검정한 결과이다.

<표 32> 쓰기 평가에 대한 사전 검사 결과

평가내용	집단	인원(N)	평균(M)	표준편차(SD)	t값	유의도(p)
사전 쓰기 평가	실험반	15	62.1	12.1	0.191	0.850
	통제반	15	61.3	10.8		

결과를 살펴보면, 쓰기 수준에 있어 실험반은 M=62.1점으로 나타나고, 통제반은 M=61.3점으로 나타났다. 실험반은 통제반의 평균에 비해 다소 높게 나타났으나 통계적으로 유의미한 차이는 나타나지 않으며 두 집단 간은 동질한 집단으로 볼 수 있다고 확인할 수 있다.

이어서 실험반은 제3장에서 제시한 학습자 중심 교수법으로 수업 내용을 강의했고, 통제반은 전통 교수법 위주로 수업했다. 전체 수업 내용을 2회로 나눠서 진행했고 1회 수업 시간은 45분이었다. 교육이 종료되고 2주 후에 실험반과 통제반 각각 '사후 어휘·쓰기 평가'를 진행했다. 사후 평가와 사전 평가의 내용은 동일했다. 단지 질문의 위치에 변화를 주었다. 이러한 방법을 통해 한편으로는 학습자들의 의성·의태어에 대한 이해가 학습 전후로 변화가 생겼는지 정확히 관찰할 수 있고, 다른 한편으로는 동 교수법이 학습한 내용을 오랫동안 기억하는데 도움이 되었는지 확인할 수 있다.

3.4.2 실험 결과 분석 방법

실험을 통하여 수집된 자료의 통계 처리 과정을 거쳐, SPSS 22.0 통계 패키지 프로그램을 활용하여 분석하였다. 구체적으로 다음과 같은 분석을 실시하였다.

첫째, 실험반과 통제반의 '사전-사후 어휘·쓰기 평가' 결과를 각각 분석했다. 각 집단 학생들이 수업을 받은 후 의성·의태어 사용에 변화가 생겼는지 관찰했다.

둘째, 실험반과 통제반의 '사후 어휘·쓰기 평가' 결과를 대조 분석했다. 결과 대조를 통해 본 연구에서 제시한 교수법이 학습자의 어휘력과 쓰기 능력 향상에 긍정적 역할을 했는지 관찰했다.

셋째, 개별 상황에 대하여 개별 분석을 진행했다. 필요한 상황에서는 개별 인터뷰를 진행하였다.

3.4.3 실험 분석 결과

3.4.3.1 각 집단 사전·사후 실험 결과 비교

(1) 실험반

실험반의 어휘·쓰기 평가 점수의 변화를 알아보기 위하여 대응표본 t-test를 실시한 결과는 다음 <표 33>과 같다. 분석 결과 사전 어휘 평가 점수는 60.7점에서 88.9점으로 증가하고 쓰기 평가 점수는 62.1점에서 83.9점으로 증가하여 통계적으로 유의미한 차이가 나타났다 (유의 확률 $p < .05$). 즉, 전반적으로 볼 때 연어 관계를 이용한 의성·의태어 교육법이 중국인 중·고급 학습자 의 어휘·쓰기 능력에 미치는 영향을 알아보기 위해 실험 처치를 적용한 실험 반의 경우에는 어휘·쓰기 평가 점수 향상에 효과가 있는 것으로 나타났다.

<표 33> 실험반의 어휘·쓰기 평가의 사전·사후 검증 결과

평가내용	시기	인원(N)	평균(M)	표준편차(SD)	t값	유의도(p)
어휘 평가	사전	15	60.7	10.5	13.175	0.000
	사후	15	88.9	6.1		
쓰기 평가	사전	15	62.1	12.1	7.142	0.000
	사후	15	83.9	5.2		

(2) 통제반

통제반의 어휘·쓰기 평가 점수의 변화를 알아보기 위하여 대응 표본 t-test를 실시한 결과는 다음 <표 34> 와 같다. 분석 결과 사전 어휘 평가 점수는 65.1

점에서 77.4점으로 증가하였고 유의 확률이 0.05보다 작게 나와 통계적으로 유의미한 차이가 있음을 알 수 있다. 그러나 쓰기 평가 점수는 61.3점에서 사후 쓰기 평가 점수 62.1점으로 다소 증가하였으나 유의 확률이 p=0.472, 통계적으로 유의미한 차이는 나타나지 않았다.

<표 34> 통제반의 어휘·쓰기 평가의 사전·사후 검증 결과

평가내용	시기	인원(N)	평균(M)	표준편차(SD)	t값	유의도(p)
어휘 평가	사전	15	65.1	10.3	5.424	0.000
	사후	15	77.4	4.6		
쓰기 평가	사전	15	61.3	10.8	0.739	0.472
	사후	15	62.1	10.2		

이에 우리는 통제반의 '사후 쓰기 평가'에 대하여 세밀한 분석을 진행했다. 분석은 두 가지 부분에서 진행되었다. 한 가지는 통제반 학습자의 쓰기 평가 점수 상황에 근거하여 분석하는 것이고, 다른 한 가지는 점수를 상중하 집단으로 나눠서 등급별로 개인 인터뷰를 하는 것이다. 통제 집단을 수준별로 나누어 각 집단의 쓰기 점수를 관찰해 보면, 상중하 집단 각각 평균 82.0점, 64.4점, 52.8점의 점수가 나타났다. 상집단의 점수가 2.0점 상승하였다, 중집단과 하집단은 사전 쓰기 평가 점수와 비슷한 점수가 나왔다. 자세한 내용은 아래 <표 35>와 같다.

<표 35> 통제반 사전·사후 쓰기 평가의 수준별 결과

집단	사전 쓰기 능력 평가(평균)	사후 쓰기 능력 평가(평균)	점수 차
상	80.0	82.0	2.0 ↑
중	64.3	64.4	0.1 ↑
하	51.7	52.8	1.1 ↑

이에 각각 상중하 집단별로 학습자들을 인터뷰했다. 각 집단 학습자가 새로운 어휘를 공부한 방법은 역시 주로 암기였다. 상집단 학습자는 작문할 때 비록 의성·의태어의 뜻을 이해하고 또한 이러한 의성·의태어를 사용하여 문장을 만들고 싶었지만 구체적인 사용법 및 다른 단어와 결합 관계를 정확히 이해하지

못했기 때문에 의미가 유사하면서 상대적으로 간단한 단어를 대신 사용했다. 특히 어떤 의성·의태어는 다의어로써 사용시 더욱 많은 어려움이 존재했다. 중집단과 하집단 학습자들 역시 유사한 상황이었고, 하집단 학습자가 특별히 지적하기를 이러한 어휘는 확실히 암기하기 어렵고 시간이 지나면 잊어버리기 쉽다고 했다. 반대로 실험반 학습자의 점수는 고르게 대폭 상승했다. 이에 우리는 새로운 교수법이 의성·의태어의 문장에서 구체적인 사용법을 학습자가 더욱 잘 이해하게 할 뿐 아니라 기억력 강화 역할도 있음을 확인할 수 있었다.

3.4.3.2 집단간 사후 결과 비교

<표 36> 실험반과 통제반의 어휘·쓰기 사후 평가 비교

평가내용	집단	인원(N)	평균(M)	평균편차(SD)	t값	유의도(p)
어휘 평가	실험반	15	88.9	6.08	5.842	0.000
	통제반	15	77.4	4.6		
쓰기 평가	실험반	15	83.9	5.2	7.392	0.000
	통제반	15	62.1	10.2		

<표 36>의 결과를 살펴보면, 실험반과 통제반의 어휘 평가와 쓰기 평가 점수에 있어 통계적으로 유의미한 차이가 나타났다($P<.05$). 이것은 연어 관계를 이용하여 의성·의태어를 학습한 실험반 학습자가 전통적 개별 어휘 학습으로 의성·의태어를 학습한 통제반 학습자보다 어휘 능력뿐만 아니라 쓰기 능력 향상에 효과적이었음을 알 수 있다. 이에 2주 간의 실험을 통하여 연어 관계를 이용한 의성·의태어 교육은 중국인 한국어 중·고급 학습자의 어휘·쓰기 능력 향상에 긍정적인 영향을 미친다고 결론할 수 있다.

앞의 요구조사에 대한 조사 결과에서 고급 단계 학습자들은 의성·의태어에 대해 강한 학습 욕구를 가지고 있다는 것을 알 수 있다. 특히 연어 학습에 대한 욕구가 강하다는 것을 확인할 수 있다. 실험대상인 두 개의 집단 모두 이전에 의성·의태어를 집중적으로 학습했던 경험이 없다. 이번 실험에서 연어 교수법을 선택한 실험집단 학습자들은 대단히 높은 학습 적극성을 보였고, 쓰기 방면에서 특히 두드러지게 나타났다. 그 외, 후속 인터뷰를 통해 대부분의 학습자들이 연어 학습을 통하여 현재 의성·의태어를 활용해 더 자신 있게 작문을 할 수 있게 된 것 같고 이후에도 이러한 방법으로 계속 의성·의태어를 공부하고 싶다고

응답했다. 전체적으로 봤을 때 2주 동안의 실험을 통해 만족스러운 결과를 얻을 수 있었다. 하지만 그중에 변수도 존재한다고 생각한다. 실험대상 학습자들이 강한 학습 욕구를 표출한 이유는 연어 교수법에 대해 참신함을 느꼈기 때문이다. 즉, 새로운 교수법이 학습자들의 학습 동기를 자극한 측면이 있다. 그렇다면 학습시간이 경과함에 따라 참신하다는 느낌이 점점 감소할 수 있고 그에 따라 학습에 대한 흥미에도 변화가 발생할 수 있다. 일부 학습자들은 끈기를 가지고 지속적으로 공부해나갈 것이고, 다른 일부의 학습자들은 다시 원점으로 돌아갈 수도 있다.

위의 내용들을 종합해보면 연어 교수법 자체를 통해 효과를 볼 수도 있지만 다른 참신한 방법론을 적용해서 효과를 기대할 수도 있다는 점을 알 수 있다. 확실한 점은 실험 결과에서도 볼 수 있듯이 연어 교수법을 사용한 후 많은 부분들이 개선되었다는 점이다. 이는 연어 교수법 자체가 언어학습에서 효율적이라는 것을 증명해주고 있다. 따라서 이러한 측면을 고려하여 장기간 동안의 추적조사를 통해 연어 교수법의 장기적 효과를 관찰할 필요가 있다.

3.4.3.3 사후 설문 조사

실험 종료 후 연어 관계를 이용한 의성·의태어 학습을 실시한 실험반 학습자에게 수업 평가에 대한 설문을 진행하였다. 설문 문항은 연어 관계를 이용한 의성·의태어 수업을 실행한 후 학습자들의 연어 관계를 이용한 의성·의태어에 대한 성취도를 분석하였다. 구체적으로 논의하면 아래와 같다.

<표 37> 실험 수업 후 학습자들의 성취도

순번	질문사항	순위	응답	빈도	퍼센트
1	의성·의태어의 특징을 우선 도입 하여 의성·의태어 파악에 도움이 된다.	1	매우 그렇다	5	33.3%
		2	그렇다	8	53.3%
		3	보통이다	2	13.3%
2	비슷한 의성·의태어를 구분할 수 있게 되었고 한국말이 더 유창해진 것 같다.	1	매우 그렇다	4	26.6%
		2	그렇다	10	66.7%
		3	보통이다	1	6.6%
3	의식적인 의성·의태어 학습을 통해 어휘력을 높이려 한다.	1	매우 그렇다	6	40.0%
		2	그렇다	7	46.7%
		3	보통이다	2	13.3%

의성·의태어 수업에서 의성·의태어의 특징을 우선 도입한 것이 도움이 되었는가 하는 질문에 33.3% 학습자가 '매우 그렇다'로, 53.3%의 학습자가 '그렇다'로 응답하여 86.6%에 달하는 학습자들이 모두 긍정적인 반응을 보였다. 실험 수업을 통해 '비슷한 의성·의태어를 구분할 수 있게 되고 한국말이 더 유창해진 것 같다고' 응답한 학습자는 93.3%에 달했다. 이후 의식적인 의성·의태어 학습을 통해 어휘력을 높이려 한다고 응답한 학습자는 86.7% 차지하였다.

　이로부터 학습자들이 의성·의태어에 대해 예전보다 많은 관심을 가지게 되었고 의식적으로 의성·의태어 학습을 통해 한국어 어휘 능력을 향상하기 위해 노력하고 있음을 확인할 수 있었다.

4. 결론

본 연구는 한국어를 배우는 중국인 학습자를 위한 의성·의태어의 교육 방안을 마련하는 데 목적이 있었다.

이를 위해 본론에서는 중국인 학습자가 학습하기에 알맞은 의성·의태어를 선정하기 위해 번역 등가 이론을 이용하여 난이도 분석을 했으며, 이를 통해 중국인 학습자용 의성·의태어 223개를 선정하였다. 또한 이 단어들을 한국어 교재 안에 합리적으로 배치하고 초급, 중급, 고급 한국어 교재의 설계모형을 제시함으로써, 학습자가 초급 단계에서 고급 단계까지 순차적으로 학습하는 과정 중에 의성·의태어에 대해 체계적으로 배울 수 있도록 도움을 주고자 하였다. 그리고 말뭉치 분석을 통해 의성·의태어의 연어 관계를 살펴보았다. 이러한 분석 결과를 토대로 의성·의태어 교육 방안을 마련하였고, 이를 실제 수업에 적용한 후 학생들의 학습 효과와 학업성취도를 비교 분석하여 본고에서 제시한 교육 방안의 효과를 검증하였다.

이 연구를 통해 논의한 중요한 내용을 요약하면 다음과 같다.

제1장에서는 연구 주제 선정의 이유를 밝히고 연구의 목적에 대해서 설명하였다. 그리고 선행 연구 성과에 대한 검토를 통하여 의성·의태어에 관한 연구들을 검토하고 이 연구의 지향점을 모색한다.

제2장에서는 먼저 의성·의태어 교재 구성상의 문제점이 무엇인지 분석·검토하였다. 그 문제점은 첫째, 의성·의태어는 각 교재들에서 아주 적게 수록하면서 잠깐 언급한 것이 전부이다. 그 결과 체계적인 단계를 거쳐 자연스러운 언어 습득 훈련을 받지 못한다. 둘째, 초급 단계에서는 의성·의태어에 대한 교육이 거의 이루어지지 않고 대부분 중·고급 단계에 집중되는 것이다. 셋째, 분석한 범용 교재는 모두 문법을 중심으로 구성되어 있다. 따라서 대부분의 의성·의태어의 제시는 문법 혹은 본문의 부수적인 요소로서 그 의미만을 해석해 주는 수준에 머무르고 있다. 넷째, 학습자들의 인지도를 고려하지 못하였다. 학습자의 인지도 문제를 고려해야 한다는 것은 의성·의태어를 제시할 때 학습자가 쉽게 이해할 수 있는 것부터 제시함을 의미한다. 다섯째, 각 교재에 제시된

4. 결론

의성·의태어의 수는 많은 차이를 보이고 있으며 제시된 의성·의태어의 난이도도 매우 다르다. 또한, 교재마다 의성·의태어를 제시하는 방법이 다를 뿐만 아니라 교재 내에서도 통일되어 제시되어 있지 않았다. 이에 기존의 한국어 교재의 미흡점을 보완하기 위해 중국인 학습자에게 의성·의태어의 교 재화 방안을 제시하였다. 먼저 중국인 학습자를 위한 한국어 의성·의태어의 교육용 목록을 선정한다. 선정한 절차는 3단계에 거쳐 진행된다. 첫째, 교육용 의성·의태어를 선정하기 위해서 한국 국내 6개 대학과 중국 1개 대학 기관의 한국어 교재에 제시된 의성·의태어를 조사하여, 2회 이상 출현된 의성·의태 어를 추출하여 '한국어 교재 등재 목록'을 선정하였다. 둘째, 한국어능력시험에 출제된 모든 의성·의태어를 추출하여 'TOPIK 시험 출제 목록'을 선정하였다. 셋째, 김광해(2003)와 김한샘(2005)에서 제시한 어휘 목록 중에서 빈도수가 25개 이상인 의성·의태어를 추출하여 '빈도수에 따른 목록'을 만든다. 넷째, 위에 제시한 '한국어 교재 등재 목록', 'TOPIK 시험 출제 목록', '빈도수에 따른 목록'을 통합한 목록에서 「표준국어대사전」에 없는 어휘를 제외한 후 최종적으로 223개의 의성·의태어 목록을 확정한다. 이어서 이 어휘들에 대해 한·중 번역 등가 상태의 구체적인 연구와 분류를 진행했다. 의성·의태어와 등가 번역 이론을 서로 결합시키고 조사 및 수집한 모든 의성·의태어를 네 종류의 번역 유형으로 나눴다.

첫째, 완전 등가(完全等價): 한국어 의성·의태어와 중국어 번역이 1:1로 대응되는 경우로, 이는 '완전 등가'라 할 수 있다.

둘째, 근사 등가(近似等價): 한국어 의성·의태어와 중국어 번역이 형식적 측면이 달라도 내용이 같은 경우로, 이는 '근사 등가'라 할 수 있다.

셋째, 영 등가(零等價): 특정한 소리나 모양새를 나타내는 한국어 의성·의태어에 정확하게 대응하는 중국어가 없는 경우로, 이는 '영 등가'라 할 수 있다.

넷째, 일대다 등가(一對多等價): 하나의 한국어 의성·의태어를 여러 가지 의미의 중국어로 번역할 수 있는 경우로, '일대다 등가'라 할 수 있다.

또한 설문조사를 통해 네 종류의 번역 유형의 난이도를 결정했다. 번역 유형의 난이도는 한국어 교재를 편찬하고 교정할 때의 의성·의태어의 등급에 좌우된다.

중국인 한국어 학습자들이 한국어 의성·의태어를 배울 때 느꼈던 난이도 조사를 하였는데, 이해하기 쉬운 것부터 어려운 것까지의 순서로 정리하면 다음과 같다.

完全 등가＜近似 등가＜零 등가＜一對多 등가

　　번역 형식의 난이도 조사 결과를 이용하여 의성·의태어를 난이도에 따라 교재에 합리적으로 배치했다. 아울러 초급, 중급, 고급 각 단계의 구체적인 교재 설계 모형을 제시하였다.

　　제3장에서는 먼저 말뭉치를 이용하여 적합한 중급 및 고급 단계의 '영 등가', '일대다 등가' 어휘에 대해 연어 분석을 진행했다. 살펴본 연어 관계 분석 결과를 토대로 연어 관계를 이용한 의성·의태어 교육 방안을 제시하고자 하였다. 이때 교육 방안으로서 제시한 수업 모형은 기존의 PPP 모형을 수용하되, 학습자의 인지를 활성화할 수 있는 OHE 모형의 장점을 수용한 모형을 채택하였다. 이는 강현화(2008)에서 주장하는 통합적 어휘 교육의 방법으로, 학습자는 문맥을 통한 덩어리의 학습을 통해 어휘 관계에 대한 지식을 얻게 되며 문맥 안에서 어휘에 대한 지식을 자연스럽게 학습하게 된다. 이어서 제시한 교육 방안의 유효성을 검증하였다. 이를 위해 비슷한 수준의 학생들을 두 집단으로 나누어 전통 PPP 교수법과 본고에서 제안한 연어를 활용한 교육 방안의 학습 효과를 비교 검증하였다. 그리고 실험을 통하여 수집된 자료의 데이터를 분석하여, 본고에서 제안한 교육 방안의 유효성을 입증하였다.

　　이 연구의 주요 성과에 대해서는 5가지 정도로 정리할 수 있다.

　　첫째, 기존 한국어 교재에 나타난 의성·의태어와 관련된 부분을 자세하게 분석했고, 중국인 학습자의 입장에서 이러한 교재들 가운데 존재하는 의성·의태어 교육의 문제점들을 분석했다. 앞으로 한국어 교재를 편찬할 때 참고할 수 있는 믿을 만한 기초 자료를 제공하였다.

　　둘째, 중국인 학습자의 입장에서부터 출발하여 의성·의태어 단어 선택에 대한 재선별 과정을 진행했다. 이는 일상적인 한국어 교류에서뿐만 아니라 향후 진학 시험이나 한국어 업무 환경에서도 그 단어들이 충분히 응용되어 배운 것을 실전에 활용하고자 하는 목표를 달성하기 위함이다.

　　셋째, 중국인 학습자가 한국어 의성·의태어를 알아가는 과정에서의 난이도를 충분히 고려하여, 실증 방면의 테스트와 새로운 난이도 분석 방법인 '번역 등가 이론'을 이용하여 선정한 의성·의태어에 대해 난이도 분석을 진행했고 한국어 수업 각 단계에 합리적으로 분배했다.

　　넷째, 다수의 공인된 사전들을 자료로 활용하여 한국어 의성·의태어를 중국어로 번역했다. 의성·의태어는 사전에 나오지 않을 수 있기 때문에 한국에서 석사 이상의 학위를 취득한 중국인들을 대상으로 설문조사를 실시하여 그에 대

4. 결론

한 중국어 번역을 결정했다. 이를 통해 연구의 신뢰도와 정확도를 향상 시킬 수 있었으며, 앞으로 한·중 의성·의태어 사전을 편찬할 때 이러한 방법들을 활용할 수 있을 것이다.

다섯째, 말뭉치를 이용해 중·고급 어휘에 대해 차례로 연어 조사를 진행했고, 여러 뜻을 가지고 있는 일부 어휘들 가운데 생소한 단어들을 배제시켜 학습자들이 배운 어휘를 충분히 실전에 활용할 수 있도록 했으며, 아울러 말뭉치 연어 목록을 제공했다.

본 연구를 통해 이상의 연구 성과들을 거둘 수 있었지만 향후 추가적으로 연구하고 해결할 필요가 있는 문제들도 아직 남아있다. 한·중 의성·의태어 사전을 편찬하기 위해서는 더 많은 의성·의태어와 말뭉치 자료들을 수집, 활용, 정리하는 과정이 필요하다. 그리고 한·중 언어 전문가들이 협력하여 의성·의태어의 중국어 번역을 표준화시켜야 한다.

<참고문헌>

저작물:

[1] 김광해. 등급별 국어교육용 어휘[M]. 서울: 박이정, 2003.

[2] 김진해. 연어연구[M]. 서울: 한국문화사, 2000.

[3] 김한샘. 현대 국어 사용 빈도 조사 2[M]. 서울: 국립국어원. 2005.

[4] 박영순 외. 한국어와 한국어 교육[M]. 서울: 한국문화사, 2008.

[5] 서종학. 한국어 교재론[M]. 서울: 태학사, 2007.

[6] 채완. 한국어의 의성어와 의태어[M]. 서울: 서울대학교출판부, 2003.

학술 논문:

[7] 강현화. 연어 관계를 이용한 어휘 교육 방안: 유표적 척도 형용사 부류의 코퍼스 분석을 중심으로[J]. 언어와 문화 4-1, 한국언어문화교육학회, 46-60, 2008.

[8] 김원경. 한국어 학습자를 위한 연어 교육 방안[J]. 한성어문학 29, 한성대학교 출판부, 211-231, 2010.

[9] 김중섭. 한국어 학습자를 위한 의성·의태어 교육 방법 연구[J]. 한국문화연구 4, 경희대학교 민속학 연구소, 177-193, 2001.

[10] 문금현. 한국어 어휘 교육을 위한 연어 학습 방안[J]. 국어교육, 한국어교육학회, 217-250, 2002.

[11] 배도용. 한국어 의성어·의태어 교재 개잘을 위한 기초 연구[J]. 우리말연구 32, 우리말학회, 159-184, 2013.

[12] 배현숙. 외국인을 위한 한국어 의성·의태어 교수법 연구[J]. 이중언어학 31, 이중언어학회, 97-121, 2006.

[13] 서상규. 한국어 정보처리와 연어 정보[J]. 국어학 39, 국어학회, 321-411, 2003.

<참고문헌>

[14] 손남익. 국어 상징부사어와 공기어 제약[J]. 한국어의미학 3, 한국어의미학회, 119-134, 1998.

[15] 송대헌, 윤정아. 한국어 학습자를 위한 연어 교육 내용 연구 – '일상생활' 과 관련된 어휘를 중심으로[J]. 국제어문 64, 국제어문학회, 323-348, 2015.

[16] 송정성. 명시적 연어교수가 연어인지와 연어습득에 미치는 영향[J]. 영어교육학회 21, 팬코리아영어교육학회, 303-322, 2009.

[17] 안인숙. 의성의태어의 공기관계[J]. 어문논집 38, 중앙어문학회, 57-93, 2008.

[18] 이문규. 음운교체와 상징어의 어감분화[J]. 어문학 5, 한국어문학회, 173-198, 1996.

[19] 왕혜숙. 영어 화자의 한국어 작문에 나타난 어휘상 오류 분석[J]. 이중언어학 12, 이중언어학회, 383-399, 1995.

[20] 우인혜. 시늉 부사의 구문론적 제약[J]. 동아시아 문화 연구 논집 17, 한양대학교 한국학 연구소, 285-350, 1990.

[21] 이승연, 최은지. 한국어 학습자의 어휘적 연어 사용 연구[J]. 이중언어학 34, 이중언어학회, 299-321, 200.

[22] 장광군. 중국에서 한국어 교재 개발의 문제점 및 해결 방안[J]. 국어교육연구 7, 서울대학교 국어교육연구소, 79-97, 2000.

[23] 정인승. 모음상대법과 자음가세법칙[J]. 한글9, 한글학회, 419-434, 1938.

[24] 조재영. 번역의 일반 지침과 영한 번역의 실제[J]. 한국외국어대학교 논문집32, 한국외국어대학교, 221-239, 2000.

[25] 조창규. 상징어의 어울림 정보와 활용-초등학생용 읽을거리의 계량 연 구[J]. 국어교육 110, 한국국어교육연구학회, 150-179, 2003.

[26] 조창규. 의성어 의태어, 무엇을 어떻게 교육할 것인가[J]. 언어학 13-3, 대한언어학회, 61-64, 2005.

[27] 진대연. 한국어 교사의 수업 구성에 대한 연구[J]. 국어교육학연구 34, 국어 교육학회, 430-466, 2009.

[28] 채완. 의성·의태어의 통사와 의미[J]. 새국어생활 3-2, 국립국어원, 54-72, 1993.

[29] 최영빈. 동요를 활용한 의성어·의태어 교육 방안: 결혼이주여성의 양육자 역할을 중심으로[J]. 국어교과교육연구 22, 국어교과교육학회, 85-120, 2013.

[30] 최희정·이경은. 한국어 교육에서의 의성어·의태어 목록 제시 및 교육방안 연구[J]. 한국언어문화교육학회학술대회 2009-1, 한국언어문화 교육학회, 17-126, 2009.

학위 논문:

[31] 강경희. 한국어 학습자를 위한 의성·의태어 교육 방안 연구[D]. 선문대학교 석사학위논문, 2009.

[32] 강유연. 번역에서 등가문제[D]. 숭실대학교 석사학위논문, 2000.

[33] 강향비. 한국어 교육용 의성·의태어 목록 선정과 교육 내용 연구[D]. 경희 사이버대학교 석사학위논문, 2013.

[34] 고음란. 한국어 의성·의태어 교육 방안 연구[D]. 대불대학교 석사학위논문, 2010.

[35] 고승희. 연어 중심의 어휘 학습이 중학교 영어 학습자의 쓰기 능력에 미치는 영향[D]. 한양대학교 석사학위논문, 2010.

[36] 권지형. 중학생 학습자 수준에 따른 문맥 중심 어휘지도의 효과성[D]. 한국 외국어대학교 석사학위논문, 2011.

[37] 김영란. 중국인 학습자를 위한 한국어 관용표현의 교재 구성 연구[D]. 동국대학교 박사학위논문, 2015.

[38] 김윤경. 한국어 상징어+용언 형 연어의 목록 선정과 교수 활용 연구[D]. 부산외국어대학교 석사학위논문, 2009.

[39] 김인화. 현대 한국어의 음성상징어 연구[D]. 이화여자대학교 박사학위논문, 1995.

[40] 김홍범. 한국어의 상징어 연구[D]. 연세대학교 박사학위논문, 1995.

[41] 남풍현. 15세기 국어의 음성상징 연구[D]. 서울대학교 석사학위논문, 1965.

[42] 문정현. 한국어 학습자를 위한 '상징부사+용언'형 연어 연구[D]. 배재대학교 석사학위논문, 2011.

<참고문헌>

[43] 박동근. 한국어 상징어의 형태·의미 구조연구[D]. 건국대학교 삭사학위 논문, 1992.

[44] 박동근. 한국어 흉내말 연구[D]. 건국대학교 박사학위논문, 1997.

[45] 박미자. 한국어 교육을 위한 수준별 의성·의태어 목록 연구[D]. 계명대학교 석사학위논문, 2009.

[46] 서단. 중국인 한국어 학습자를 위한 한국어 의성·의태어 교육 방안 연구[D]. 경희대학교 석사학위논문, 2004.

[47] 신승은. 한국어 학습자를 위한 단계별 의성·의태어 목록 선정과 교육방안 연구 - 반복형태를 중심으로[D]. 한국외국어대학교 석사학위 논문, 2011.

[48] 신중진. 현대국어 의성의태어 연구[D]. 서울대학교 석사학위논문, 1998.

[49] 신지영. 외국인 학습자를 위한 한국어 '부사+용언'형 연어 교육 방안 연구[D]. 한국외국어대학교 석사학위논문, 2008.

[50] 안유진. 고급 한국어 학습자를 위한 의성어·의태어 교육 방안 연구[D]. 한양대학교 석사학위논문, 2010.

[51] 이건식. 현대국어의 반복복합어 연구[D]. 건국대학교 석사학위논문, 1987.

[52] 이란희. 외국인을 위한 한국어 의태어 교육 방법[D]. 울산대학교 박사학위논문, 2012.

[53] 이선정. 연어를 활용한 영어 유창성 향상 지도 방안[D]. 부산외국어대학교석사학위논문, 2012.

[54] 이소정. 한국어 학습자를 위한 의태어 결합 형태 분석 연구[D]. 경희대학교 석사학위논문, 2010.

[55] 이효홍. 한국어와 중국어의 의성어와 의태어 대조 연구: 자연계와 사물을 중심으로[D]. 목포대학교 석사학위논문, 2014.

[56] 임호. 중국인 학습자의 한국어 의성어·의태어 교육 방안의 연구: 모음차이에 따른 語感 교육 중심으로[D]. 중안대학교 석사학위논문, 2018.

[57] 왕뢰. 중국인 고급 한국어 학습자를 위한 의성어 의태어 교육 방안 연구[D]. 인하대학교 석사학위논문, 2012.

[58] 왕미자. 중국인 학습자를 위한 한국어 의성·의태어에 대한 고찰[D]. 전남대학교 석사학위논문, 2008.

[59] 왕슈에. 중국인 학습자를 위한 한국어 의성어·의태어 교육 내용과 방법 연구[D]. 부산대학교 석사학위논문, 2011.

[60] 王元媛. 한중 의성어와 의태어 대조 연구[D]. 경희대학교 석사학위논문, 2010.

[61] 유흔. 중국인 여성 이민자를 위한 의성어 의태어 교육 방안 연구[D]. 경희대학교 석사학위논문, 2011.

[62] 임근석. 현대 국어의 어휘적 연어 연구[D]. 서울대학교 석사학위논문, 2003.

[63] 장학련. 중국인 학습자를 위한 한국어 의성·의태어 교육 연구[D]. 부산외국어대 학교 박사학위논문, 2012.

[64] 정순매. 한국어 교육을 위한 의성·의태어의 한·중 대조 연구[D]. 서울대학교 석사학위논문. 2005.

[65] 최호철. 현대 국어의 상징어 연구[D]. 고려대학교 석사학위논문, 1985.

[66] 한민주. 일본인 학습자의 '주다' 동사 사용에 나타나는 의미 확장과 모국어 전이 양상 연구[D]. 이화여자대학교 석사학위논문, 2008.

[67] 함윤희. 한국어 어휘 교육을 위한 상징부사 중심 연어 연구[D]. 연세대학교 석사학위논문, 2011.

[68] LIU LIN. 그림책을 활용한 중국인 대상 한국어 의성어·의태어 교육연구"[D]. 이화여자대학교 석사학위논, 2018.

<부록 1>

<한국어 의성·의태어에 대응되는 중국어의 번역 양상>

순서	의성·의태어	대응된 중국어	의미	번역 양상
1	가득01	满满	분량이나 수효 따위가 어떤 범위나 한도에 꽉 찬 모양.	일대다등가
		满满	빈 데가 없을 만큼 사람이나 물건 따위가 많은 모양.	
		充满	감정이나 정서, 생각 따위가 많거나 강한 모양.	
2	갈래갈래	一条一条	여러 가닥으로 갈라지거나 찢어진 모양.	완전등가
3	갈팡질팡	慌里慌张	갈피를 잡지 못하고 이리저리 헤매는 모양.	근사등가
4	개굴개굴	呱呱	개구리가 잇따라 우는 소리.	근사등가
5	건들건들	微微地	바람이 부드럽게 살랑거리며 부는 모양.	일대다등가
		大大咧咧	사람이 건드러진 태도로 되바라지게 행동하는 모양.	
		游手好闲	일이 없거나 착실하지 않아 빈둥빈둥하는 모양.	
		晃晃荡荡	물체가 이리저리 가볍고 크게 자꾸 흔들리는 모양.	
6	고래고래	可着嗓门	몹시 화가 나서 남을 꾸짖거나 욕을 할 때 목소리를 한껏 높여 시끄럽게 외치거나 지르는 모양.	영등가
7	곰곰	深(思)	여러모로 깊이 생각하는 모양.	영등가
8	구불구불	弯弯曲曲	이리로 저리로 구부러지는 모양	근사등가

순서	의성·의태어	대응된 중국어	의미	번역 양상
9	글썽글썽	眼泪汪汪	눈에 눈물이 넘칠 듯이 자꾸 그득하게 고이는 모양.	근사등가
10	기웃기웃	探头探脑	무엇을 보려고 고개나 몸 따위를 이쪽저쪽으로 조금씩 자꾸 기울이는 모양.	일대다등가
		窥视	남의 것을 탐내는 마음으로 슬금슬금 자꾸 넘겨다보는 모양.	
11	깜박/깜빡	一闪	불빛이나 별빛 따위가 잠깐 어두워졌다 밝아지는 모양. 또는 밝아졌다 어두워지는 모양.	일대다등가
		一眨	눈이 잠깐 감겼다 뜨이는 모양.	
		一下子	기억이나 의식 따위가 잠깐 흐려지는 모양.	
13	깜짝	一眨巴	눈이 살짝 감겼다 뜨이는 모양.	일대다등가
		吓(一跳)	갑자기 놀라는 모양.	
14	깡충깡충	蹦蹦跳跳	짧은 다리를 모으고 자꾸 힘 있게 솟구쳐 뛰는 모양.	근사등가
15	껑충	腾楞一下	긴 다리를 모으고 힘 있게 높이 솟구쳐 뛰는 모양.	일대다등가
		腾楞一下	어떠한 단계나 순서를 단번에 많이 건너뛰는 모양.	
16	꼬깃꼬깃	(纸类)皱皱巴巴	고김살이 생기게 자꾸 함부로 고기는 모양.	영등가
17	꼬르륵	咕噜	배 속이나 대통의 진 따위가 끓는 소리.	일대다등가
		咯咯咯	닭이 놀라서 지르는 소리.	
		汩汩	액체가 비좁은 구멍으로 가까스로 빠져나가는 소리.	
		呼噜呼噜	가래가 목구멍에 걸리어 숨을 쉴 때 거칠게 나는 소리.	
		咕嘟咕嘟	물속에서 기체의 작은 방울이 물 위로 떠오를 때 나는 소리.	

<부록 1>

순서	의성·의태어	대응된 중국어	의미	번역 양상
18	꼬박꼬박	—	머리나 몸을 앞으로 조금 숙였다가 드는 모양.	일대다등가
		一丝不苟	조금도 어김없이 고대로 계속하는 모양.	
		老老实实	남이 시키는 대로 따르는 모양.	
19	꼬치꼬치	骨瘦如柴	몸이 몹시 여위고 마른 모양.	일대다등가
		追根究底	낱낱이 따지고 캐어묻는 모양.	
20	꼭꼭01	使劲	잇따라 또는 매우 야무지게 힘을 주어 누르거나 죄는 모양.	일대다등가
		强忍	잇따라 또는 매우 힘들여 참거나 견디는 모양.	
		严实	드러나지 않게 아주 단단히 숨거나 들어박히는 모양.	
21	꼼꼼	细致	빈틈이 없이 차분하고 조심스러운 모양.	근사등가
22	꼼짝	动弹	몸을 둔하고 느리게 조금 움직이는 모양.	영등가
23	꽁꽁01	(冻得)硬邦邦	물체가 매우 단단히 언 모양.	일대다등가
		(抓得、捆得)紧紧	힘주어 단단하게 죄어 묶거나 꾸리는 모양.	
			→ 꼭꼭01.	
	꽁꽁02	哼哼	아프거나 괴로울 때 견디지 못하여 내는 앓는 소리.	
		汪汪叫	강아지가 짖는 소리.	
	꽁꽁03	咚咚	작고 가벼운 물건이 자꾸 바닥이나 물체 위에 떨어지거나 부딪쳐 나는 소리.	
24	꽉	用劲 (压，抓，捆)	힘을 주어 누르거나 잡거나 묶는 모양.	일대다등가
		满或堵塞貌	가득 차거나 막힌 모양.	
		强忍	슬픔이나 괴로움 따위의 감정을 드러내지 아니하려고 애써 참거나 견디는 모양.	

115

순서	의성·의태어	대응된 중국어	의미	번역 양상
25	꾸벅꾸벅01	—	머리나 몸을 앞으로 자꾸 많이 숙였다가 드는 모양.	영등가
26	꾸역꾸역	大口大口	음식 따위를 한꺼번에 입에 많이 넣고 잇따라 씹는 모양.	일대다등가
		涌入貌	한군데로 잇따라 많은 사람이나 사물이 몰려가거나 들어오는 모양.	
		(烟, 气)升腾貌	연기나 김 따위가 많이 계속 나오거나 생기는 모양.	
		—	어떤 마음이 자꾸 생기거나 치미는 모양.	
27	꼭	使劲	야무지게 힘을 주어 누르거나 죄는 모양.	일대다등가
		强忍	아주 힘들여 참거나 견디는 모양.	
		严严实实	조금도 드러나지 않게 단단히 숨거나 들어박히는 모양.	
28	꿀꺽	咕咚咕咚(喝水)	액체나 음식물 따위가 목구멍이나 좁은 구멍으로 한꺼번에 많이 넘어가는 소리. 또는 그 모양.	일대다등가
		强压(怒火, 哭声)	분한 마음이나 할 말, 터져 나오려는 울음 따위를 억지로 참는 모양.	
		侵吞	옳지 못한 방법으로 남의 재물 따위를 제 것으로 만드는 모양.	
29	꿈쩍	蠢蠢(而动)	몸을 둔하고 느리게 움직이는 모양.	영등가
30	꿈틀꿈틀	蠕动	몸의 한 부분을 자꾸 구부리거나 비틀며 움직이는 모양.	일대다등가
		—	자꾸 생각이나 감정 따위가 이는 모양.	
31	끄덕	点头(儿)	고개 따위를 아래위로 가볍게 한 번 움직이는 모양.	근사등가
32	끙끙	呻吟声(哼哼)	몹시 앓거나 힘에 겨운 일에 부대껴서 자꾸 내는 소리.	완전등가

<부록 1>

순서	의성·의태어	대응된 중국어	의미	번역 양상
33	느릿느릿	慢吞吞地	동작이 재지 못하고 매우 느린 모양.	일대다등가
		稀松	짜임새나 꼬임새가 매우 느슨하거나 성긴 모양.	
34	다닥다닥	密密麻麻	자그마한 것들이 한곳에 많이 붙어 있는 모양.	일대다등가
		(补丁)摞(补丁)	보기 흉할 정도로 지저분하게 여기저기 기운 모양.	
35	담뿍	满满地	넘칠 정도로 가득하거나 소복한 모양.	일대다등가
		充裕的	많거나 넉넉한 모양.	
36	당당04	咣咣	북이나 징 따위를 치는 소리.	완전등가
		咣咣	울림이 크게 나는 소리.	
37	덥석	猛地(抓, 咬)	왈칵 달려들어 냉큼 물거나 움켜잡는 모양.	영등가
38	도란도란	窃窃(私语)	여럿이 나직한 목소리로 서로 정답게 이야기하는 소리. 또는 그 모양.	일대다등가
		哗啦啦	개울물 따위가 잇따라 흘러가는 소리. 또는 그 모양.	
39	동동01	咚咚(敲鼓)	작은북 따위를 잇따라 두드리는 소리.	일대다등가
	동동02	噔噔(跺脚)	매우 안타깝거나 추워서 발을 가볍게 자꾸 구르는 모양.	
	동동03	—	작은 물체가 떠서 움직이는 모양.	
	동동07	—	아침 해가 빛나는 모양.	
40	두근두근	怦怦	몹시 놀라거나 불안하여 자꾸 가슴이 뛰는 모양.	근사등가
41	뒤죽박죽	乱七八糟	여럿이 마구 뒤섞여 엉망이 된 모양. 또는 그 상태.	근사등가

순서	의성·의태어	대응된 중국어	의미	번역 양상
42	들락날락	进进出出	자꾸 들어왔다 나갔다 하는 모양.	일대다등가
		恍恍惚惚	정신 따위가 있다가 없다가 하는 모양.	
43	들썩들썩	一翘一翘	묵직한 물건이 계속 떠들렸다 가라앉았다 하는 모양.	일대다등가
		一颠一颠	어깨나 엉덩이 따위가 계속 들렸다 놓였다 하는 모양.	
		心神不宁	마음이 계속 들떠서 움직이는 모양.	
		吵吵嚷嚷	시끄럽고 부산하게 자꾸 움직이는 모양.	
44	들쑥날쑥	参差不齐	들어가기도 하고 나오기도 하여 가지런하지 않은 모양.	근사등가
45	듬뿍	满满地	넘칠 정도로 매우 가득하거나 수북한 모양.	일대다등가
		充裕的	매우 많거나 넉넉한 모양	
46	듬성듬성	稀稀拉拉	매우 드물고 생긴 모양.	근사등가
47	따르릉	叮铃铃	전화벨이나 자명종 따위가 한 번 울리는 소리.	근사등가
48	딱01	硬物相碰或折断时的声音	단단한 물건이 부러지거나 서로 부딪치는 소리. 또는 그 모양.	일대다등가
	딱02	戛然	계속되던 것이 그치거나 멎는 모양.	
		果断	아주 단호하게 끊거나 과단성 있게 행동하는 모양.	
		非常(讨厌)	몹시 싫거나 언짢은 모양.	
	딱03	大张着	활짝 바라지거나 벌어진 모양.	
		正好	빈틈없이 맞닿거나 들어맞는 모양.	
		正	갑자기 마주치는 모양.	
		坚决	굳세게 버티는 모양.	
		紧紧	단단히 달라붙은 모양.	
		—	태도가 여유 있고 의젓한 모양.	

<부록 1>

중국인 학습자를 위한 한국어 교육용 의성·의태어 연구

순서	의성·의태어	대응된 중국어	의미	번역 양상
49	딸깍딸깍	坚硬的小物体撞击硬物时发出的响声	작고 단단한 물건이 자꾸 맞부딪치는 소리.	영등가
50	땡땡	铛铛	작은 종이나 그릇 따위의 쇠붙이를 잇따라 두드리는 소리.	일대다등가
		胀鼓鼓	살이 몹시 찌거나 붓거나 하여 팽팽한 모양.	
		紧绷绷	누를 수 없을 정도로 굳고 단단한 모양.	
		—	힘이나 세도 따위가 크고 단단한 모양.	
51	또박또박01	清清楚楚	말이나 글씨 따위가 흐리터분하지 않고 조리 있고 또렷한 모양.	일대다등가
		一丝不苟	차례나 규칙 따위를 한 번도 거르거나 어기지 않고 그대로 따르는 모양.	
	또박또박02	—	발자국 소리를 또렷이 내며 잇따라 걸어가는 소리. 또는 그 모양.	
52	똑똑	吧嗒吧嗒(水滴声)	작은 물체나 물방울 따위가 잇따라 가볍게 아래로 떨어지는 소리. 또는 그 모양.	일대다등가
		嘎巴嘎巴	작고 단단한 물체가 잇따라 부러지거나 끊어지는 소리. 또는 그 모양.	
		笃笃	단단한 물체를 가볍게 잇따라 두드리는 소리.	
		—	거침없이 잇따라 따거나 떼는 모양.	
53	똑딱	笃笃	단단한 물건을 가볍게 두드리는 소리.	일대다등가
		滴答(钟表声)	시계나 작은 발동기, 똑딱선의 기관 따위가 돌아가는 소리.	
		咔	수단추와 암단추를 눌러 맞추어 채우는 소리.	

119

순서	의성·의태어	대응된 중국어	의미	번역 양상
54	뚜벅뚜벅	—	발자국 소리를 뚜렷이 내며 잇따라 걸어가는 소리. 또는 그 모양.	영등가
55	뚝01	吧嗒	큰 물체나 물방울 따위가 아래로 떨어지는 소리. 또는 그 모양.	일대다등가
		嘎巴	크고 단단한 물체가 부러지거나 끊어지는 소리. 또는 그 모양.	
			단단한 물체를 한 번 치는 소리. 또는 그 모양.	
		—	아주 거침없이 따거나 떼는 모양.	
	뚝02	戛然	계속되던 것이 아주 갑자기 그치는 모양.	
		决然	말이나 행동 따위를 매우 단호하게 하는 모양.	
		—	다 쓰고 아주 없는 모양.	
		一下子(下降)	성적이나 순위 따위가 두드러지게 떨어지는 모양.	
		远离	거리가 많이 떨어져 있는 모양.	
56	뚝뚝01	吧嗒吧嗒地	큰 물체나 물방울 따위가 잇따라 아래로 떨어지는 소리. 또는 그 모양.	일대다등가
		嘎巴	크고 단단한 물체가 잇따라 부러지거나 끊어지는 소리. 또는 그 모양.	
			단단한 물체를 잇따라 두드리는 소리.	
		—	아주 거침없이 잇따라 따거나 떼는 모양.	
	뚝뚝02	一下子(下降)	성적이나 순위 따위가 몹시 두드러지게 떨어지는 모양.	
		远离	여럿이 다 거리가 많이 떨어져 있는 모양.	

<부록 1>

순서	의성·의태어	대응된 중국어	의미	번역 양상
57	띄엄띄엄	稀稀落落	붙어 있거나 가까이 있지 않고 조금 떨어져 있는 모양.	일대다등가
			거듭되는 간격이 짧지 않고 긴 모양.	
		慢慢騰騰	느릿느릿한 모양.	
58	말랑말랑	软软乎乎地	매우 또는 여기저기가 야들야들하게 보드랍고 무른 느낌.	일대다등가
		(身體) 软绵绵地	사람의 몸이나 기질이 야무지지 못하고 맺힌 데가 없어 약한 모양.	
59	머뭇머뭇	(行动上)犹豫不决貌	말이나 행동 따위를 결정하여 선뜻 행하지 못하고 자꾸 망설이는 모양.	영등가
60	멀뚱멀뚱01	傻愣愣地	눈빛이나 정신 따위가 멍청하고 생기가 없는 모양.	일대다등가
		愣怔怔地	눈만 둥그렇게 뜨고 다른 생각이 없이 물끄러미 쳐다보는 모양.	
	멀뚱멀뚱02	清汤寡水	국물 같은 것이 건더기가 적거나 덜 끓어서 멀건 모양.	
61	멈칫	骤(停)	하던 일이나 동작을 갑자기 멈추는 모양.	영등가
62	모락모락	茁壮地	곱고 순조롭게 잘 자라는 모양.	일대다등가
		袅袅	연기나 냄새, 김 따위가 계속 조금씩 피어오르는 모양.	
		油然(而生)	느낌이나 생각 따위가 마음속에서 계속 조금씩 일어나는 모양.	
63	무럭무럭	茁壮地	순조롭고 힘차게 잘 자라는 모양.	일대다등가
		袅袅	연기나 냄새, 김 따위가 계속 많이 피어오르는 모양.	
		油然(而生)	느낌이나 생각 따위가 마음속에서 계속 일어나는 모양.	

순서	의성·의태어	대응된 중국어	의미	번역 양상
64	무뚝뚝	冷漠	말이나 행동, 표정 따위가 부드럽고 상냥스러운 면이 없어 정답지가 않음.	영등가
65	문득	忽然(想起)	생각이나 느낌 따위가 갑자기 떠오르는 모양.	일대다등가
		顿时	어떤 행위가 갑자기 이루어지는 모양.	
66	물씬	(气味)扑鼻	코를 푹 찌르도록 매우 심한 냄새가 풍기는 모양.	일대다등가
		散发	김이나 연기, 먼지 따위가 갑자기 무럭무럭 피어오르는 모양.	
67	바삭바삭	沙沙地(响)	가랑잎이나 마른 검불 따위의 잘 마른 물건을 잇따라 가볍게 밟는 소리. 또는 그 모양.	일대다등가
		—	보송보송한 물건이 잇따라 가볍게 바스러지거나 깨지는 소리. 또는 그 모양.	
		—	단단하고 부스러지기 쉬운 물건을 잇따라 깨무는 소리. 또는 그 모양.	
68	바싹바싹01	干干地	물기가 아주 없어지도록 자꾸 마르거나 타들어 가는 모양.	
		紧紧地	여럿이 다 아주 가까이 달라붙거나 자꾸 죄는 모양.	
		—	갑자기 자꾸 앞으로 나아가거나 늘거나 주는 모양.	
		—	자꾸 몹시 우기는 모양.	
		大力地	여럿이 다 아주 긴장하거나 힘을 주는 모양.	
		干瘪地	몸이 자꾸 매우 마르는 모양.	
		麻利地	무슨 일을 거침새 없이 아주 빨리 마무르는 모양.	

<부록 1>

중국인 학습자를 위한 한국어 교육용 의성·의태어 연구

순서	의성·의태어	대응된 중국어	의미	번역 양상
69	반짝01	一闪	작은 빛이 잠깐 나타났다가 사라지는 모양.	일대다등가
		一下子	정신이 갑자기 맑아지는 모양.	
			어떤 생각이 갑자기 머리에 떠오르는 모양.	
			물건이나 사람, 일 따위가 빨리 없어지거나 끝나는 모양.	
			마음이 끌려 귀가 갑자기 뜨이는 모양.	
		豁然一亮	무엇이 순간적으로 분명하게 보이는 모양.	
		―	잠을 자지 않고 밤을 지내는 모양.	
	반짝02	一下子	물건을 아주 가볍게 들어 올리는 모양.	
			물건의 끝이 갑자기 높이 들리는 모양.	
			몸의 한 부분을 갑자기 위로 들어 올리는 모양.	
		瞪大	눈을 갑자기 크게 뜨는 모양.	
70	반짝반짝01	一闪一闪	작은 빛이 잠깐 잇따라 나타났다가 사라지는 모양.	일대다등가
		一下子	정신이 잇따라 갑자기 맑아지는 모양.	
			어떤 생각이 잇따라 갑자기 머리에 떠오르는 모양.	
			물건이나 사람, 일 따위가 자꾸 빨리 없어지거나 끝나는 모양.	
		豁然	무엇이 잇따라 순간적으로 분명하게 보이는 모양.	
		―	여럿이 또는 잇따라 잠을 자지 아니하고 밤을 지내는 모양.	

순서	의성·의태어	대응된 중국어	의미	번역 양상
	반짝반짝02	一举一举	물건을 아주 가볍게 잇따라 들어 올리는 모양.	
		一扬一扬	물건의 끝이 갑자기 잇따라 높이 들리는 모양.	
		一抬一抬	몸의 한 부분을 갑자기 위로 자꾸 들어 올리는 모양.	
		一眨一眨	여럿이 눈을 갑자기 크게 뜨는 모양.	
71	방긋방긋	眯眯(笑)	입을 예쁘게 약간 벌리며 자꾸 소리 없이 가볍게 웃는 모양.	근사등가
72	버럭01	勃然, 猛地	성이 나서 갑자기 기를 쓰거나 소리를 냅다 지르는 모양.	일대다등가
73	번쩍01	一闪	큰 빛이 잠깐 나타났다가 사라지는 모양.	일대다등가
		一下子	정신이 갑자기 아주 맑아지는 모양.	
			어떤 생각이 갑자기 머리에 떠오르는 모양.	
			물건이나 사람, 일 따위가 매우 빨리 없어지거나 끝나는 모양.	
			마음이 몹시 끌려 귀가 갑자기 뜨이는 모양.	
		豁然	무엇이 순간적으로 분명하게 보이는 모양.	
	번쩍02	一下子	물건을 매우 가볍게 들어 올리는 모양.	
			물건의 끝이 갑자기 아주 높이 들리는 모양.	
			몸의 한 부분을 갑자기 위로 높이 들어 올리는 모양.	
		瞪大	눈을 갑자기 아주 크게 뜨는 모양.	

순서	의성·의태어	대응된 중국어	의미	번역 양상
74	벌떡	霍地	눕거나 앉아 있다가 조금 큰 동작으로 갑자기 일어나는 모양.	일대다등가
		一骨碌	갑자기 뒤로 번듯하게 자빠지거나, 몸이나 몸의 일부를 젖히는 모양.	
75	벌벌01	瑟瑟(发抖)	추위, 두려움, 흥분 따위로 몸이나 몸의 일부분을 크게 자꾸 떠는 모양.	일대다등가
		吝啬的	재물 따위를 몹시 아끼거나 매우 중요하게 생각하는 모양.	
	벌벌02	—	몸을 바닥 가까이 대고 조금 큰 동작으로 기는 모양.	
	벌벌03	忙忙叨叨	몹시 바쁘게 여기저기 돌아다니는 모양.	
76	벌컥벌컥01	勃然大怒	자꾸 급작스럽게 화를 내거나 기운을 쓰는 모양.	일대다등가
		—	자꾸 급작스럽게 온통 소란해지거나 야단스러워지는 모양.	
		—	닫혀 있던 것을 자꾸 갑자기 세게 여는 모양.	
	벌컥벌컥02	咕咚咕咚	빚어 놓은 술이 자꾸 부걱부걱 괴어오르는 소리. 또는 그 모양.	
			빨래를 삶을 때 빨래가 몹시 끓어서 자꾸 부풀어 오르는 소리. 또는 그 모양.	
		—	진흙이나 밀가루 따위의 반죽을 자꾸 세게 주무르거나 밟는 소리. 또는 그 모양.	
		咕咚咕咚	음료나 술 따위를 거침없이 자꾸 들이켜는 소리. 또는 그 모양.	

순서	의성·의태어	대응된 중국어	의미	번역 양상
77	보글보글	咕嘟咕嘟	적은 양의 액체가 잇따라 야단스럽게 끓는 소리. 또는 그 모양.	일대다등가
			잇따라 작은 거품이 일어나는 소리. 또는 그 모양.	
		一团一团	머리카락 따위가 짧게 꼬부라져 잇따라 뭉쳐 있는 모양.	
78	부글부글	咕嘟咕嘟	많은 양의 액체가 야단스럽게 잇따라 끓는 소리. 또는 그 모양.	일대다등가
			잇따라 큰 거품이 일어나는 소리. 또는 그 모양.	
		忐忑	착잡하거나 언짢은 생각이 뒤섞여 자꾸 마음이 들볶이는 모양.	
		一窝蜂	사람이나 짐승, 벌레 따위가 많이 모여 복잡스럽게 움직이는 모양.	
79	부랴부랴	火急火燎	매우 급하게 서두르는 모양.	근사등가
80	부르르	哆哆嗦嗦	크고 거볍게 떠는 모양.	일대다등가
		呼呼的(燃烧)	얇은 종이나 털 따위에 불이 붙어 거볍게 타오르는 모양.	
		咕嘟咕嘟	많은 양의 액체가 거볍게 끓을 때 나는 소리. 또는 그 모양.	
		气冲冲的	갑자기 거볍게 성을 내는 모양.	
81	불쑥	突然	갑자기 불룩하게 쑥 나오거나 내미는 모양.	일대다등가
			갑자기 쑥 나타나거나 생기거나 하는 모양.	
			갑자기 마음이 생기거나 생각이 떠오르는 모양.	
		冷不丁	앞뒤 생각 없이 대뜸 말을 함부로 하는 모양.	

<부록 1>

순서	의성·의태어	대응된 중국어	의미	번역 양상
82	부쩍	一个劲儿地	외곬으로 빡빡하게 우기는 모양.	일대다등가
		猛地	어떤 사물이나 현상의 상태, 빈도, 양 따위가 매우 거침새 없이 갑자기 늘거나 주는 모양.	
		紧紧(贴着)	매우 가까이 달라붙는 모양.	
		―	몹시 힘을 주거나 긴장하는 모양.	
83	비슷비슷	大同小异	여럿이 다 거의 같은 모양.	근사등가
84	빙그레	莞尔	입을 약간 벌리고 소리 없이 부드럽게 웃는 모양.	근사등가
85	빙빙	转圈	약간 넓은 일정한 범위를 자꾸 도는 모양.	일대다등가
		―	이리저리 자꾸 돌아다니는 모양.	
		恍惚	갑자기 정신이 자꾸 어찔하여지는 모양.	
86	뻘뻘01	东跑西窜	몹시 바쁘게 여기저기 돌아다니는 모양.	일대다등가
	뻘뻘02	(大汗)淋漓	땀을 매우 많이 흘리는 모양.	
87	뻥02	砰	풍선이나 폭탄 따위가 갑자기 요란스럽게 터지는 소리.	일대다등가
		呼隆一声	큰 구멍이 뚫리는 소리. 또는 그 모양.	
		砰	공 따위를 아주 세게 차는 소리. 또는 그 모양.	
88	뾰족뾰족	尖尖	여럿이 다 끝이 점차 가늘어져서 날카로운 모양.	근사등가
89	사뿐사뿐	轻盈地(走路)	소리가 나지 아니할 정도로 잇따라 가볍게 발을 내디디며 걷는 모양.	일대다등가
		轻快地(移动)	매우 가볍게 잇따라 움직이는 모양.	

순서	의성·의태어	대응된 중국어	의미	번역 양상
90	살금살금	蹑手蹑脚	남이 알아차리지 못하도록 눈치를 살펴 가면서 살며시 행동하는 모양.	근사등가
91	살랑살랑01	微风轻拂	조금 사늘한 바람이 가볍게 자꾸 부는 모양.	일대다등가
		翻着花儿地（开）	물이 끓어오르며 이리저리 자꾸 움직이는 모양.	
		摇摇摆摆	팔이나 꼬리 따위를 가볍게 자꾸 흔드는 모양.	
	살랑살랑02	悄悄地	떠들거나 심하게 굴지 않고 가만가만 행동하는 모양.	
92	새근새근	气喘吁吁	고르지 아니하고 가쁘게 자꾸 숨 쉬는 소리. 또는 그 모양.	일대다등가
		熟睡	어린아이가 곤히 잠들어 조용하게 자꾸 숨 쉬는 소리.	
93	새록새록	层出不穷	새로운 물건이나 일이 잇따라 생기는 모양.	일대다등가
		创新	어떤 생각이나 느낌이 거듭하여 새롭게 생기는 모양.	
		—	잠든 어린아이가 숨 쉴 때 나는 소리.	
94	새콤달콤	酸酸甜甜	약간 신 맛이 나면서도 단맛이 나서 맛깔스러운 느낌.	근사등가
95	선뜻01	痛快	동작이 빠르고 시원스러운 모양.	일대다등가
	선뜻02	爽快	기분이나 느낌이 깨끗하고 시원한 모양.	
		清爽	보기에 시원스럽고 멀쑥한 모양.	
96	설렁설렁01	凉飕飕	조금 서늘한 바람이 거볍게 자꾸 부는 모양.	일대다등가
		翻着花儿地（开）	많은 물이 끓어오르며 이리저리 자꾸 움직이는 모양	

순서	의성·의태어	대응된 중국어	의미	번역 양상
	설렁설렁02	搖搖擺擺	팔이나 꼬리 따위를 거볍게 자꾸 흔드는 모양..	
		轻快	무엇에 얽매이지 아니하고 가벼운 마음으로 일을 처리하거나 움직이는 모양.	
97	섬찟섬찟	―	갑자기 소름이 끼치도록 무시무시하고 끔찍한 느낌이 자꾸 드는 모양.	영등가
98	성큼성큼	大步流星	다리를 잇따라 높이 들어 크게 떼어 놓는 모양.	근사등가
99	속속01	极快地	매우 빨리.	일대다등가
	속속02	源源不绝地	자꾸 잇따라서.	
100	수군수군	两人以上小声嘀咕貌	남이 알아듣지 못하도록 낮은 목소리로 자꾸 가만가만 이야기하는 소리. 또는 그 모양.	영등가
101	술술	涌出	물이나 가루 따위가 틈이나 구멍으로 조금씩 거볍게 새어 나오는 모양.	일대다등가
		微风吹拂	바람이 부드럽게 부는 모양.	
		渐沥, 零星	가는 비나 눈이 잇따라 거볍게 내리는 모양.	
		流畅	말이나 글이 막힘없이 잘 나오거나 써지는 모양.	
		―	얽힌 실이나 끈 따위가 쉽게 잘 풀려 나오는 모양.	
		顺畅	얽히거나 쌓이었던 일들이 쉽게 잘 풀리는 모양.	
102	쉿	嘘	소리를 내지 말라는 뜻으로 급하게 내는 소리.	완전등가

순서	의성·의태어	대응된 중국어	의미	번역 양상
103	슬슬01	悄悄地	남이 모르게 슬그머니 행동하는 모양.	일대다등가
		渐渐地(融化)	눈이나 설탕 따위가 모르는 사이에 스르르 녹아 버리는 모양.	
		轻轻地	심하지 않게 가만가만 거볍게 만지거나 문지르는 모양.	
		巧妙地(哄骗)	남을 슬그머니 달래거나 꾀는 모양.	
		微风吹拂	바람이 부드럽게 부는 모양.	
		咪咪(笑)	거볍게 눈웃음을 치는 모양.	
		慢慢地	서두르지 않고 천천히 행동하는 모양.	
		轻松地	힘들이지 않고 쉽게 하는 모양.	
	슬슬02	—	배가 조금 쓰리면서 아픈 모양.	
104	슬쩍슬쩍	偷偷摸摸	남의 눈을 피하여 잇따라 재빠르게.	일대다등가
		轻松地	힘들이지 않고 잇따라 거볍게.	
		轻轻	심하지 않게 약간씩.	
		悄悄地	표 나지 않게 자꾸 넌지시.	
		胡乱	특별히 마음을 쓰거나 정성을 들이지 않고 잇따라 빠르게.	
105	시들시들	蔫不拉唧	약간 시들어 힘이 없는 모양.	근사등가
106	시시콜콜	小肚鸡肠	마음씨나 하는 짓이 좀스럽고 인색한 모양.	일대다등가
		斤斤计较	자질구레한 것까지 낱낱이 따지거나 다루는 모양.	
107	시끌벅적	人群喧闹嘈杂貌	많은 사람들이 어수선하게 움직이며 시끄럽게 떠드는 모양.	영등가
108	싱글벙글	眉开眼笑	눈과 입을 슬며시 움직이며 소리 없이 정답고 환하게 웃는 모양.	근사등가

순서	의성·의태어	대응된 중국어	의미	번역 양상
109	싱글싱글	笑容可掬	눈과 입을 슬며시 움직이며 소리 없이 정답게 자꾸 웃는 모양.	근사등가
110	싱숭생숭	心绪不宁	마음이 들떠서 어수선하고 갈팡질팡하는 모양.	근사등가
111	싹02	嚓地(一声)	종이나 헝겊 따위를 칼이나 가위로 단번에 베는 소리. 또는 그 모양.	일대다등가
		唰地(一声)	거침없이 밀거나 쓸거나 비비거나 하는 소리. 또는 그 모양.	
112	쌀쌀01	咕嘟	넓은 그릇의 물 따위가 천천히 고루 끓는 모양.	일대다등가
		暖哄哄地	온돌방이 뭉근하게 고루 더운 모양.	
		—	작은 벌레 따위가 가볍게 기어가는 모양.	
		微微摇头	머리를 천천히 살래살래 흔드는 모양.	
	쌀쌀03	—	배가 조금씩 쓰리며 아픈 모양.	
113	썩02	嚓地(一声)	종이나 헝겊 따위를 칼이나 가위로 단번에 베는 소리. 또는 그 모양.	일대다등가
		唰地(一声)	거침없이 밀거나 쓸어 나가는 소리. 또는 그 모양.	
		咔擦(一声)	무나 사과 따위를 한 번 베어 무는 소리. 또는 그 모양.	
114	쏙02	深深地	안으로 깊이 들어가거나 밖으로 볼록하게 내미는 모양.	일대다등가
		—	쉽게 밀어 넣거나 뽑아내는 모양.	
		一下子	대번에 빠지거나 터지는 모양.	
		—	기운이나 살이 줄어든 모양.	
		—	어떤 일에 제외되거나 참여하지 않는 모양.	

순서	의성·의태어	대응된 중국어	의미	번역 양상
		—	때가 깨끗이 없어지는 모양.	
		轻率地	거리낌 없이 경솔하게 말하며 나서는 모양.	
		特别(出众)	옷차림이나 몸매가 아주 매끈한 모양.	
		突然	기억이나 인상이 아주 선명하게 새겨지는 모양.	
			갑자기 정신이 확 나가는 모양.	
		完全	어떤 것에 매우 탐닉하는 모양.	
			마음에 꼭 드는 모양.	
			생김새나 차림새 따위가 꼭 닮은 모양.	
115	쏠쏠01	涌出	물이나 가루 따위가 틈이나 구멍으로 조금씩 가볍게 새어 나오는 모양.	일대다등가
		微风吹拂	바람이 보드랍게 부는 모양.	
		淅沥, 零星	가는 비나 눈이 잇따라 가볍게 내리는 모양.	
		流畅	말이나 글이 막힘없이 잘 나오거나 써지는 모양.	
		—	얽힌 실이나 끈 따위가 쉽게 잘 풀려 나오는 모양.	
		顺畅	얽히거나 쌓였던 일들이 쉽게 잘 풀리는 모양.	
		飘散	냄새나 가는 연기 따위가 가볍게 풍기거나 피어오르는 모양.	
		还不错	재미가 은근히 나는 모양.	

순서	의성·의태어	대응된 중국어	의미	번역 양상
116	쑥03	深深地	안으로 깊이 들어가거나 밖으로 불룩하게 내미는 모양.	일대다등가
		—	깊이 밀어 넣거나 길게 뽑아내는 모양.	
		一下子	대번에 빠지거나 터지는 모양.	
		—	기운이나 살이 줄어드는 모양.	
		—	어떤 일에 제외되거나 참여하지 않는 모양.	
		—	때가 깨끗이 없어지는 모양.	
		轻率地	거리낌 없이 경솔하게 말하며 나서는 모양.	
		特別(出众)	옷차림이나 몸매가 아주 미끈한 모양.	
		突然	갑자기 정신이 확 나가는 모양.	
		突然	갑자기 올라가거나 내려가는 모양.	
		突出地	앞으로 나아가거나 앞에 불쑥 나타나는 모양.	
117	쓱	偷偷地	슬그머니 내밀거나 들어가는 모양.	일대다등가
		一下子	슬쩍 사라지는 모양.	
		嗖	빨리 지나가는 모양.	
		轻揉	슬쩍 문지르거나 비비는 모양.	
		悄悄地	넌지시 슬쩍 행동하는 모양.	
118	씩씩01	呼哧呼哧地	숨을 매우 가쁘고 거칠게 쉬는 소리.	근사등가
119	아기자기	卿卿我我	여러 가지가 오밀조밀 어울려 예쁜 모양.	일대다등가
		妙趣横生	잔재미가 있고 즐거운 모양.	

순서	의성·의태어	대응된 중국어	의미	번역 양상
120	아등바등	拼命地努力貌	무엇을 이루려고 애를 쓰거나 우겨 대는 모양.	영등가
121	아삭아삭	喀嚓	연하고 싱싱한 과일이나 채소 따위를 보드랍게 베어 물 때 자꾸 나는 소리.	일대다등가
		喀嚓喀嚓	단단하고 깨지기 쉬운 물건이 가볍게 부서질 때 자꾸 나는 소리.	
		沙沙作响	마른풀이나 가랑잎 따위를 가볍게 스칠 때 자꾸 나는 소리.	
122	아슬아슬01	瑟瑟	소름이 끼칠 정도로 약간 차가운 느낌이 잇따라 드는 모양.	일대다등가
		提心吊胆	일 따위가 잘 안될까 봐 두려워서 소름이 끼칠 정도로 마음이 약간 위태롭거나 조마조마한 모양.	
123	아장아장	姗姗而行	키가 작은 사람이나 짐승이 이리저리 찬찬히 걷는 모양.	근사등가
124	안달복달	心急火燎	몹시 속을 태우며 조급하게 볶아치는 모양.	근사등가
125	알록달록	花花绿绿	여러 가지 밝은 빛깔의 점이나 줄 따위가 고르지 아니하게 무늬를 이룬 모양.	근사등가
126	어마어마	超乎寻常的宏大，宏伟	여러 가지 밝은 빛깔의 점이나 줄 따위가 고르지 아니하게 무늬를 이룬 모양.	영등가
127	어정쩡	—	얼떨떨하고 난처한 모양.	영등가
128	어흥	呜嗷（虎啸声）	호랑이가 우는 소리.	근사등가
129	언뜻	冷不防	지나는 결에 잠깐 나타나는 모양.	일대다등가
		猛然	생각이나 기억 따위가 문득 떠오르는 모양.	
130	얼룩덜룩	花花搭搭	여러 가지 어두운 빛깔의 점이나 줄 따위가 고르지 아니하게 무늬를 이룬 모양.	근사등가

순서	의성·의태어	대응된 중국어	의미	번역 양상
131	엉금엉금	慢吞吞地 (走, 爬)	큰 동작으로 느리게 걷거나 기는 모양.	영등가
132	엉엉	呜呜	목을 놓아 크게 우는 소리. 또는 그 모양.	완전등가
133	오락가락	来来去去	계속해서 왔다 갔다 하는 모양.	일대다등가
		精神恍惚	생각이나 정신이 있다 없다 하는 모양.	
		断断续续	비나 눈이 내렸다 그쳤다 하는 모양.	
134	오순도순	和和睦睦	정답게 이야기하거나 의좋게 지내는 모양.	근사등가
135	오톨도톨	(表面或底面) 粗糙, 凹凸不平	물건의 거죽이나 바닥이 여기저기 잘게 부풀어 올라 고르지 못한 모양.	영등가
136	옥신각신	两个人争吵不休貌	서로 옳으니 그르니 하며 다투는 모양.	영등가
137	올록볼록	凹凸不平地	물체의 거죽이나 면이 고르지 않게 높고 낮은 모양.	근사등가
138	올망졸망	大大小小	작고 또렷한 것들이 고르지 않게 많이 벌여 있는 모양.	일대다등가
		—	귀엽고 엇비슷한 아이들이 많이 있는 모양.	
139	옹기종기	大小不一	크기가 다른 작은 것들이 고르지 아니하게 많이 모여 있는 모양.	영등가
140	와들와들	(因冷或害怕) 哆哆嗦嗦貌	춥거나 무서워서 몸을 잇따라 아주 심하게 떠는 모양.	영등가
141	와락	突然	갑자기 행동하는 모양.	일대다등가
		一下子	어떤 감정이나 생각 따위가 갑자기 솟구치거나 떠오르는 모양.	
142	왕왕01	哇哇	귀가 먹먹할 정도로 크고 시끄럽게 떠들거나 우는 소리.	일대다등가
	왕왕03	泪汪汪	눈에 눈물이 가득한 모양.	

순서	의성·의태어	대응된 중국어	의미	번역 양상
143	우뚝	高高地	두드러지게 높이 솟아 있는 모양.	일대다등가
		鹤立鸡群	남보다 뛰어난 모양.	
		突然(停)	움직이던 것이 갑자기 멈추는 모양.	
144	우르르	一窝蜂	사람이나 동물 따위가 한꺼번에 움직이거나 한곳에 몰리는 모양.	일대다등가
		噗噜噜(开了)	액체가 갑자기 끓어오르거나 넘치는 소리. 또는 그 모양.	
		哗啦啦(倒了)	쌓여 있던 물건들이 갑자기 무너져 내리거나 쏟아질 때 나는 소리. 또는 그 모양.	
		轰隆隆(雷声)	폭포수가 쏟아져 내리거나 천둥이 울리는 소리.	
145	우물쭈물	犹豫不定	행동 따위를 분명하게 하지 못하고 자꾸 망설이며 몹시 흐리멍덩하게 하는 모양.	근사등가
146	우왕좌왕	惊慌失措	이리저리 왔다 갔다 하며 일이나 나아가는 방향을 종잡지 못하는 모양.	일대다등가
		摇摆不定		
147	울긋불긋	五颜六色	짙고 옅은 여러 가지 빛깔들이 야단스럽게 한데 뒤섞여 있는 모양.	근사등가
148	울퉁불퉁	坑坑洼洼	물체의 거죽이나 면이 고르지 않게 여기저기 몹시 나오고 들어간 모양.	근사등가
149	움찔움찔01	蜷缩	깜짝 놀라 갑자기 몸을 잇따라 움츠리는 모양.	일대다등가
	움찔움찔02	慢慢动来动去地	몸을 굼뜨게 자꾸 움직이는 모양.	
		踌躇不定	자꾸 결단성 없이 망설이며 주저주저하는 모양.	
150	움푹	凹陷	가운데가 우묵하게 푹 들어간 모양.	근사등가

<부록 1>

중국인 학습자를 위한 한국어 교육용 의성·의태어 연구

순서	의성·의태어	대응된 중국어	의미	번역 양상
151	으쓱01	(肩)一耸	갑자기 어깨를 한 번 들먹이는 모양.	일대다등가
		(骄傲地)耸肩	어깨를 들먹이며 우쭐하는 모양.	
	으쓱02	一激灵	갑자기 무섭거나 차가움을 느낄 때 몸이 크게 움츠러드는 모양.	
152	이러쿵저러쿵	说长道短	이러하다는 둥 저러하다는 둥 말을 늘어놓는 모양.	근사등가
153	점점01	渐渐	조금씩 더하거나 덜하여지는 모양.	완전등가
154	조곤조곤	殷勤, 死乞白赖貌	성질이나 태도가 조금 은근하고 끈덕진 모양.	영등가
155	졸졸	潺潺	가는 물줄기 따위가 잇따라 부드럽게 흐르는 소리. 또는 그 모양.	일대다등가
		步步紧随(小孩或小狗在后跟随的样子)	작은 동물이나 사람이 자꾸 뒤를 따라다니는 모양.	
		一拽一拽地(用细线或细绳拖曳貌)	가는 줄이나 천 따위가 바닥에 자꾸 끌리는 모양.	
		—	작은 물건을 여기저기 자꾸 흘리는 모양.	
		流畅	조금도 막힘이 없이 글을 읽거나 쓰거나 말하는 모양.	
156	주렁주렁	(果实)累累	열매 따위가 많이 달려 있는 모양.	일대다등가
		成群	사람들이 많이 딸려 있는 모양.	
157	주룩주룩	哗啦啦	굵은 물줄기나 빗물 따위가 빠르게 자꾸 흐르거나 내리는 소리. 또는 그 모양.	일대다등가
		一条条	주름이 고르게 많이 잡힌 모양.	
158	주섬주섬	一一地(收拾起来)	여기저기 널려 있는 물건을 하나하나 주워 거두는 모양.	일대다등가
		颠三倒四	조리에 맞지 아니하게 이 말 저 말 하는 모양.	

순서	의성·의태어	대응된 중국어	의미	번역 양상
159	주저주저	踌躇不定	매우 머뭇거리며 망설이는 모양.	근사등가
160	줄줄	潺潺	굵은 물줄기 따위가 잇따라 부드럽게 흐르는 소리. 또는 그 모양.	일대다등가
		步步紧随(小孩或小狗在后跟随的样子)	동물이나 사람이 자꾸 뒤를 따라다니는 모양.	
		一拽一拽地(用细线或细绳拖曳貌)	굵은 줄이나 천 따위가 바닥에 자꾸 끌리는 모양.	
		—	물건을 여기저기 자꾸 흘리는 모양.	
		流畅	조금도 막힘이 없이 시원시원하게 글을 읽거나 쓰거나 말하는 모양.	
		往下掉	물건 따위가 자꾸 미끄러지거나 흘러내리는 모양.	
161	지그시	轻轻地	슬며시 힘을 주는 모양.	일대다등가
		强忍	조용히 참고 견디는 모양.	
162	지싯지싯	—	남이 싫어하는지는 아랑곳하지 아니하고 제가 좋아하는 것만 자꾸 짓궂게 요구하는 모양.	영등가
163	질경질경	使劲嚼貌	질긴 물건을 거칠게 자꾸 씹는 모양.	영등가
164	질끈	勒紧	단단히 졸라매거나 동이는 모양.	일대다등가
		使劲儿	바짝 힘을 주어 사이를 눌러 붙이는 모양.	
165	질질01	拖拖拉拉地	바닥에 늘어지거나 닿아서 느리게 끌리는 소리. 또는 그 모양.	일대다등가
		拖走	이끄는 대로 힘없이 끌려가는 모양.	
		拖延	정한 날짜나 기한 따위를 자꾸 뒤로 미루는 모양.	
		啰嗦	이야기 따위를 지루하게 자꾸 늘이는 모양.	

순서	의성·의태어	대응된 중국어	의미	번역 양상
166	질질02	滑落	몸에 지닌 물건들을 주책없이 여기저기 자꾸 흘리거나 빠뜨리는 모양.	일대다등가
		—	물이나 침, 땀, 콧물 따위가 잇따라 흐르는 모양.	
		涕泪横流	눈물이나 콧물을 조금씩 흘리면서 잇따라 우는 모양.	
	질질03	油腻腻地	기름기나 윤기 따위가 번드르르 흐르는 모양.	
	질질04	盲目地	주책없이 자꾸 가볍게 행동하는 모양.	
	짝04	喀嚓	줄이나 획을 한 번 긋는 소리. 또는 그 모양.	
		哧喇一声	종이나 천 따위를 한 번 찢는 소리. 또는 그 모양.	
	짝05	—	적은 액체가 가는 줄기로 세게 뻗치는 소리. 또는 그 모양.	
		—	작은 물체가 세게 문질리면서 미끄러지는 소리. 또는 그 모양.	
	짝06	啧(咂嘴声)	혀를 차면서 입맛을 한 번 다시는 소리. 또는 그 모양.	
		一下子	대번에 세게 쪼개지거나 벌어지는 소리. 또는 그 모양.	
		张开	입이나 팔, 다리 따위를 크게 벌리는 모양.	
	짝07	吧唧	물체가 바싹 다가붙거나 끈기 있게 달라붙는 모양.	
		合胃口	입맛에 딱 맞는 모양.	
	짝08	啪	손뼉을 한 번 치는 소리. 또는 그 모양.	
	짝09	一下子	말 따위가 갑자기 널리 퍼지는 모양.	

순서	의성·의태어	대응된 중국어	의미	번역 양상
167	쨍쨍01	—	쇠붙이 따위가 자꾸 세게 부딪쳐서 날카롭고 높게 울리는 소리.	일대다등가
		—	유리나 단단한 얼음장이 자꾸 부딪치거나 갈라지며 울리는 소리.	
		—	귀가 먹먹할 정도로 높고 강하게 자꾸 울리는 소리.	
	쨍쨍02	(阳光)火辣辣地	햇볕 따위가 몹시 내리쬐는 모양.	
	쨍쨍03	(不满意)嘟嘟囔囔地	조금 언짢거나 못마땅하여 자꾸 보채거나 짜증을 내는 모양.	
168	쩍03	啧(咂嘴声)	혀를 차면서 입맛을 크게 한 번 다시는 소리. 또는 그 모양.	일대다등가
		一下子	대번에 크게 쪼개지거나 벌어지는 소리. 또는 그 모양.	
		张开	입이나 팔, 다리 따위를 아주 크게 벌리는 모양.	
	쩍04	吧唧	물체가 바싹 다가붙거나 끈기 있게 들러붙는 모양.	
		合胃口	입맛에 떡(->딱) 맞는 모양.	
169	쭈글쭈글	皱巴巴	쭈그러지거나 구겨져서 고르지 않게 주름이 많이 잡힌 모양.	근사등가
170	쭈뼛쭈뼛	—	물건의 끝이 다 차차 가늘어지면서 삐쭉삐쭉하게 솟은 모양.	일대다등가
		怯怯地	무섭거나 놀라서 머리카락이 자꾸 꼿꼿하게 일어서는 듯한 느낌.	
		羞答答地	어줍거나 부끄러워서 자꾸 주저주저하거나 머뭇거리는 모양.	
		撅嘴	입술 끝을 비죽 자꾸 내미는 모양.	

순서	의성·의태어	대응된 중국어	의미	번역 양상
171	쭉	笔直地	줄이나 금 따위를 곧게 내긋는 모양.	일대다등가
		整齐	여럿이 고르게 늘어서거나 가지런히 벌여 있는 모양.	
		一直	한 줄로 끊어지지 않고 이어지는 모양.	
		哧喇	종이나 천 따위를 한 가닥으로 단번에 찢거나 훑는 모양.	
		一下	물 따위를 단숨에 들이마시는 모양.	
		嗞(用嘴吸吮)	입으로 아주 힘차게 빠는 소리. 또는 그 모양.	
		一口气	거침없이 내리 읽거나 외거나 말하는 모양.	
		伸开	곧게 펴거나 벌리는 모양.	
		—	소름이나 땀이 많이 돋는 모양.	
		环视	넓은 범위로 눈길을 보내어 한눈에 훑어보는 모양.	
		一直	같은 상태로 계속되는 모양.	
		一下	물기나 살, 기운 따위가 한꺼번에 많이 빠진 모양.	
		—	윤곽이 몹시 매끈하게 이어지는 모양.	
		—	매우 산뜻하게 차려입은 모양.	
172	찌뿌드드	懒倦	몸살이나 감기 따위로 몸이 무겁고 거북한 모양.	일대다등가
		—	표정이나 기분이 밝지 못하고 매우 언짢은 모양.	
		阴沉沉	비나 눈이 올 것같이 날씨가 매우 흐린 모양.	

순서	의성·의태어	대응된 중국어	의미	번역 양상
173	찡	—	얼음장이나 굳은 물질 따위가 좀 갑자기 갈라질 때 나는 소리. 또는 그 모양.	일대다등가
		心酸	감동을 받아 가슴 따위가 뻐근해지는 느낌.	
174	차곡차곡	整整齐齐	물건을 가지런히 겹쳐 쌓거나 포개는 모양.	일대다등가
		有条不紊	말이나 행동 따위를 아주 찬찬하게 순서에 따라 조리 있게 하는 모양.	
175	차근차근	死皮赖脸	조금 성가실 정도로 자꾸 은근히 귀찮게 구는 모양.	일대다등가
		有条不紊	말이나 행동 따위를 아주 찬찬하게 순서에 따라 조리 있게 하는 모양.	
176	차차	渐渐	어떤 사물의 상태가 시간의 흐름에 따라 일정한 방향으로 조금씩 진행하는 모양.	일대다등가
		慢慢地	서두르지 않고 뒤에 천천히.	
177	척척01	吧唧	물체가 자꾸 바싹 다가붙거나 끈기 있게 들러붙는 모양.	일대다등가
		合胃口	입맛에 아주 딱 맞는 모양.	
		—	시험 따위에 잇따라 어김없이 붙거나 예상이 그대로 맞아떨어진 모양.	
	척척02	—	여럿이 다 몸가짐이나 태도가 천연덕스럽고 태연한 모양.	
		—	여럿이 다 느슨하게 휘어지거나 늘어진 모양.	
	척척03	毫不犹豫地	전혀 서슴지 않고 선뜻선뜻 행동하는 모양.	
		顺利	일이 거침없이 아주 잘되어 가는 모양.	
		有秩序地, 协调地	질서 정연하게 조화를 이루어 행동하는 모양.	

<부록 1>
중국인 학습자를 위한 한국어 교육용 의성·의태어 연구

순서	의성·의태어	대응된 중국어	의미	번역 양상
178	촉촉	（小的物体）耷拉下垂貌	작은 물건 따위가 아래로 자꾸 늘어지거나 처진 모양.	영등가
179	출렁	（水波）荡漾	물 따위가 큰 물결을 이루며 한 번 흔들리는 소리. 또는 그 모양.	일대다등가
		心动貌	가슴이 설레는 모양.	
180	칙칙폭폭	（火车）隆隆声	증기 기관차가 연기를 뿜으면서 달리는 소리.	영등가
181	캄캄	漆黑	아주 까맣게 어두운 모양.	일대다등가
		一无所知	어떤 사실을 전혀 모르거나 잊은 모양.	
182	콜록	喀儿（因病发出的咳嗽声）	감기나 천식 따위로 가슴 속에서 울려 나오는 기침 소리.	근사등가
183	콩닥콩닥	—	작은 절구나 방아를 잇따라 찧을 때 나는 소리. 또는 그 모양.	일대다등가
		怦怦地	심리적인 충격을 받아 가슴이 자꾸 세차게 뛰는 모양.	
184	쾅	哐	무겁고 단단한 물체가 바닥에 떨어지거나 다른 물체와 부딪쳐 울리는 소리.	일대다등가
		砰	총이나 대포를 쏘거나 폭발물이 터져서 울리는 소리.	
185	쿨쿨01	—	물 따위의 액체가 굵은 줄기로 몰리어 흐르는 소리.	일대다등가
	쿨쿨02	呼噜	곤하게 깊이 자면서 숨을 크게 쉬는 소리. 또는 그 모양.	
	쿨쿨03	—	구리터분하거나 시큼털털한 냄새가 몹시 나는 모양.	
186	쿵쿵	哐哐	크고 무거운 물건이 잇따라 바닥이나 물체 위에 떨어지거나 부딪쳐 나는 소리.	일대다등가
		砰砰	멀리서 포탄 따위가 터져 잇따라 나는 소리.	

143

순서	의성·의태어	대응된 중국어	의미	번역 양상
		咚咚	큰북이나 장구 따위가 잇따라 울리는 매우 깊은 소리.	
		怦怦	심리적으로 충격을 받아서 가슴이 자꾸 세차게 뛰는 모양.	
187	탁	啪	갑자기 세게 치거나 부딪거나 차거나 넘어지는 소리. 또는 그 모양.	일대다등가
		突然	조여 있던 것이나 긴장 따위가 갑자기 풀리거나 끊어지는 소리. 또는 그 모양.	
		豁然	막힌 것이 없이 시원스러운 모양.	
		一下子	갑자기 몹시 막히는 모양.	
		呸	침을 세게 뱉는 소리. 또는 그 모양.	
188	터덜터덜	脚步沉重地走	지치거나 느른하여 무거운 발걸음으로 계속 힘없이 걷는 소리. 또는 그 모양.	일대다등가
		—	빈 수레 따위가 험한 길 위를 요란하게 지나가는 소리.	
		—	깨어진 질그릇 따위가 잇따라 둔탁하게 부딪치는 소리.	
189	터벅터벅	(脚步)一拖一拖地	느릿느릿 힘없는 걸음으로 걸어가는 모양.	영등가
190	털썩	一屁股	갑자기 힘없이 주저앉거나 쓰러지는 소리. 또는 그 모양.	일대다등가
		扑通	크고 두툼한 물건이 갑자기 바닥에 떨어지는 소리. 또는 그 모양.	
		(受刺激)憷了	갑자기 심리적인 충격을 받아 놀라는 모양.	
		—	크고 두툼한 물건이 세게 움직이거나 흔들리는 소리. 또는 그 모양.	

순서	의성·의태어	대응된 중국어	의미	번역 양상
191	텅01	空荡荡	큰 것이 속이 비어 아무것도 없는 모양.	일대다등가
	텅02	噹	큰 쇠붙이나 단단한 물건이 세게 부딪쳐 울리는 소리.	
		砰	총이나 대포 따위를 쏘는 소리.	
192	툭01	嘣	갑자기 튀거나 터지는 소리. 또는 그 모양.	일대다등가
		—	갑자기 떨어지는 소리. 또는 그 모양.	
		直说	말을 퉁명스럽게 쏘아붙이는 모양.	
		—	갑자기 발에 걸리거나 차이는 소리. 또는 그 모양.	
		轻轻地 (敲打, 触碰)	가볍게 슬쩍 치거나 건드리는 소리. 또는 그 모양.	
		—	가볍게 털거나 튀기는 소리. 또는 그 모양.	
		啪	갑자기 부러지거나 끊어지는 소리. 또는 그 모양.	
		突出地	어느 한 부분이 쑥 불거져 나온 모양.	
		敞开	환하게 트이거나 숨김없이 터놓는 모양.	
193	퉁퉁01	胖墩墩	살이 쪄서 몸이 옆으로 퍼진 모양.	일대다등가
		(肿得)鼓胀胀	물체의 한 부분이 붓거나 부풀어서 두드러져 있는 모양.	
	퉁퉁02	咚咚	큰북이나 속이 빈 나무통 따위를 잇따라 두드려 울리는 소리.	
		咚咚(跺脚)	발로 탄탄한 곳을 자꾸 세게 굴러 울리는 소리.	
		哐哐	대포 따위를 잇따라 쏘아 울리는 소리.	

순서	의성·의태어	대응된 중국어	의미	번역 양상
		—	큰 물방울이나 덩이 따위가 잇따라 떨어지는 소리.	
		—	탄력 있는 물건이 잇따라 조금 무겁게 튀는 소리. 또는 그 모양.	
		隆隆	큰 발동기 따위가 울리는 소리.	
194	티격태격	吵吵闹闹互不相让的样子	서로 뜻이 맞지 아니하여 이러니 저러니 시비를 따지며 가리는 모양.	영등가
195	팔짝팔짝	活蹦乱跳地	갑자기 가볍고 힘 있게 자꾸 날아오르거나 뛰어오르는 모양.	일대다등가
		忽开忽闭地	문이나 뚜껑 따위를 자꾸 갑작스럽게 여는 모양.	
196	퍼뜩	一下子	어떤 생각이 갑자기 아주 순간적으로 떠오르는 모양.	일대다등가
		突然	어떤 물체나 빛 따위가 갑자기 아주 순간적으로 나타나는 모양.	
		突然(清醒)	갑자기 정신이 드는 모양.	
197	펄펄	滚滚沸腾	많은 양의 물이나 기름 따위가 계속해서 몹시 끓는 모양.	일대다등가
		热乎乎地	몸이나 온돌방이 높은 열로 몹시 뜨거운 모양.	
		噗啦噗啦	크고 힘차게 날거나 뛰는 모양.	
		—	먼지나 눈, 가루 따위가 바람에 세차게 날리는 모양.	
		—	불길이 세게 일어나는 모양.	
198	펑펑01	砰砰	풍선이나 폭탄 따위가 갑자기 잇따라 요란스럽게 터지는 소리.	일대다등가
		—	큰 구멍이 잇따라 뚫리는 소리. 또는 그 모양.	
		嘭嘭	크고 탄력 있는 물건을 잇따라 두드리는 소리. 또는 그 모양.	

순서	의성·의태어	대응된 중국어	의미	번역 양상
199		砰砰	물건이 갑자기 잇따라 크게 튀는 소리. 또는 그 모양.	일대다등가
	펑펑02	咕咚咕咚	조금 크고 무거운 물건이 깊은 물에 잇따라 떨어지는 소리.	
	펑펑03	哗哗	액체 따위가 약간 넓은 구멍으로 세차게 쏟아져 나오는 소리. 또는 그 모양.	
		哗啦	눈이나 물 따위가 세차게 많이 쏟아져 내리거나 솟는 모양.	
		挥霍花钱貌	(주로 '쓰다'와 함께 쓰여) 돈이나 물 따위를 헤프게 마구 쓰는 모양.	
		—	거짓말이나 흰소리를 함부로 하는 모양.	
	풍풍01	—	문풍지 따위가 뚫어질 때 잇따라 나는 다소 둔탁한 소리. 또는 그 모양.	
		砰砰	막혀 있던 공기나 가스가 약간 큰 구멍으로 터져 빠질 때 잇따라 나는 소리.	
	풍풍02	咕咚咕咚	크고 무거운 물건이 깊은 물에 잇따라 떨어지는 소리.	
	풍풍03	哗哗	액체 따위가 넓은 구멍으로 거세게 쏟아져 나오는 소리. 또는 그 모양.	
200	푹	酣睡	잠이 푸근하게 깊이 들거나 곤한 몸을 매우 흡족하게 쉬는 모양.	일대다등가
		使劲地	힘 있게 깊이 찌르거나 쑤시는 모양.	
		严实	안의 것이 드러나지 아니하도록 빈틈없이 아주 잘 덮거나 싸는 모양.	
		熟透	흠씬 익도록 삶거나 고거나 끓이는 모양.	

순서	의성·의태어	대응된 중국어	의미	번역 양상
201	푹푹	烂	아주 심하게 썩거나 삭거나 젖은 모양.	일대다등가
		深深地	깊고 뚜렷이 팬 모양.	
		—	아주 깊이 빠지거나 잠기는 모양.	
		瘫软地	힘없이 단번에 쓰러지는 모양.	
		—	삽이나 숟가락 따위로 물건을 아주 많이 떠내는 모양.	
		深深地(低头)	고개를 아주 깊이 숙이는 모양.	
		噗	연기나 가루 따위가 세게 쏟아져 나오는 소리. 또는 그 모양.	
		—	힘, 능력, 분량 따위가 별안간 많이 줄어든 모양.	
		—	가루나 먼지 따위가 꽤 많이 덮인 모양.	
		煮透	속속들이 흠씬 익을 정도로 몹시 끓이거나 삶는 모양.	
		烂透	남김없이 심하게 썩거나 삭는 모양.	
		用力刺	칼이나 창 따위로 자꾸 세게 찌르거나 쑤시는 모양.	
		炎热	날이 찌는 듯이 무더운 모양.	
		深深地	자꾸 깊이 빠지거나 들어가는 모양.	
		瘫软地	힘없이 자꾸 쓰러지거나 엎어지는 모양.	
		—	삽이나 숟가락 따위로 물건을 자꾸 많이씩 퍼내는 모양.	
		(堆得)满满地	눈 따위가 많이 내려 수북하게 쌓이는 모양.	
		挥金如土	돈 따위를 아낌없이 쓰는 모양.	
		—	분량이 자꾸 많이 줄어들거나 없어지는 모양.	

<부록 1>

순서	의성·의태어	대응된 중국어	의미	번역 양상
		噗噗	구멍으로 가루나 연기 따위가 자꾸 세차게 쏟아져 나오는 모양.	
		呼哧呼哧	입김이나 숨을 매우 크게 내쉬는 모양.	
202	핑01	转圈	일정한 약간 넓은 범위를 한 바퀴 도는 모양.	일대다등가
		—	일정한 둘레를 넓게 둘러싸는 모양.	
		晕	갑자기 정신이 어찔해지는 모양.	
		(眼泪在眼圈里)打转	갑자기 눈물이 글썽해지는 모양.	
	핑02	嗖	총알 따위가 매우 빠르게 공기를 가르며 지나가는 소리. 또는 그 모양.	
203	하하	哈哈	입을 벌리고 거리낌 없이 크게 웃는 소리. 또는 그 모양.	완전등가
204	할금할금	—	곁눈으로 살그머니 계속 할겨 보는 모양.	영등가
205	허겁지겁	慌张忙乱貌	조급한 마음으로 몹시 허둥거리는 모양.	영등가
206	허둥지둥	仓皇貌	정신을 차릴 수 없을 만큼 갈팡질팡하며 다급하게 서두르는 모양.	영등가
207	허허	呵呵	입을 둥글게 벌리고 거리낌 없이 크게 웃는 소리. 또는 그 모양.	완전등가
208	헉헉	上气不接下气地	몹시 놀라거나 숨이 차서 숨을 자꾸 몰아쉬는 소리. 또는 그 모양.	일대다등가
		—	마음에 끌리는 일에 욕심이 나서 자꾸 덤비는 모양.	
		—	몹시 지쳐서 자꾸 물러서거나 주저앉거나 자빠지는 모양.	

순서	의성·의태어	대응된 중국어	의미	번역 양상
209	헤헤	嘿嘿	입을 조금 벌리고 속없이 자꾸 빙그레 웃는 소리. 또는 그 모양.	완전등가
			입을 조금 벌리고 자꾸 주책없이 웃는 소리. 또는 그 모양.	
210	확	唰啦一下	바람, 냄새 또는 어떤 기운 따위가 갑자기 세게 끼치는 모양.	일대다등가
		呼地一下	불길이 갑자기 세게 일어나는 모양.	
			갑자기 달아오르는 모양.	
		一下子	일이 빠르고 힘차게 진행되는 모양.	
			매어 있거나 막혔던 것이 갑자기 풀리거나 시원스럽게 열리는 모양.	
211	활짝	大大滴敞开貌	문 따위가 한껏 시원스럽게 열린 모양.	일대다등가
		展开翅膀貌	날개 따위를 시원스럽게 펼치는 모양.	
		豁然(开朗)	넓고 멀리 시원스럽게 트인 모양.	
		盛放	꽃잎 따위가 한껏 핀 모양.	
		—	밥 따위가 한껏 퍼진 모양.	
		放晴	날이 맑게 개거나 환히 밝은 모양.	
		满面(笑容)	얼굴이 밝거나 가득히 웃음을 띤 모양.	
212	활활	翩翩	날짐승 따위가 높이 떠서 느릿느릿 날개를 치며 시원스럽게 나는 모양.	일대다등가
		熊熊	불길이 세고 시원스럽게 타오르는 모양.	
		呼扇呼扇	부채 따위로 느릿느릿 시원스럽게 부치는 모양.	
		—	옷 따위를 시원스럽게 벗어 버리거나 벗기는 모양.	
		(热气)呼啦一下	열기가 세게 오르는 모양.	
		—	시원스럽게 씻는 모양.	

<부록 1>

중국인 학습자를 위한 한국어 교육용 의성·의태어 연구

순서	의성·의태어	대응된 중국어	의미	번역 양상
213	홱	唰	어떤 행동을 망설이지 아니하고 빠르고 시원스럽게 해내는 모양.	일대다등가
		—	갑자기 날쌔게 던지거나 뿌리는 모양.	
		噌	힘을 주어 날쌔게 뿌리치는 모양.	
		呼	바람이나 입김 따위가 갑자기 세게 불어닥치는 모양.	
		欻	무엇을 갑자기 힘 있게 빨리 돌리는 모양.	
		嗖	무엇이 갑자기 빠르게 열리거나 풀리는 모양.	
		—	길 따위가 급작스럽게 꺾인 모양.	
214	휙	嗖	갑자기 빨리 움직이거나 스치는 모양.	일대다등가
		呼	바람이 갑자기 세게 부는 소리. 또는 그 모양.	
		啪	갑자기 세게 던지거나 뿌리치는 모양.	
		—	짧고 힘 있게 휘파람 따위를 부는 소리. 또는 그 모양.	
215	후루룩	扑啦啦	새 따위가 날개를 가볍게 치며 갑자기 날아가는 소리. 또는 그 모양.	일대다등가
		呼噜呼噜	적은 양의 액체나 국수 따위를 야단스럽게 빨리 들이마시는 소리. 또는 그 모양.	
216	훌쩍	一口气喝下去貌	액체 따위를 단숨에 남김없이 들이마시는 소리. 또는 그 모양	일대다등가
		抽鼻子	콧물을 단숨에 들이마시는 소리. 또는 그 모양.	
		纵身一跃	단숨에 가볍게 뛰거나 날아오르는 모양.	

151

순서	의성·의태어	대응된 중국어	의미	번역 양상
		一个箭步	거침없이 가볍게 길을 떠나는 모양.	
		—	보통의 경우보다 훨씬 더 크거나 커진 모양.	
217	훨훨	翩翩	날짐승 따위가 높이 떠서 느릿느릿 날개를 치며 매우 시원스럽게 나는 모양.	일대다등가
		熊熊	불길이 세차고 매우 시원스럽게 타오르는 모양.	
		呼扇呼扇	큰 부채 따위로 느릿느릿 매우 시원스럽게 부치는 모양.	
		—	옷 따위를 매우 시원스럽게 벗어 버리거나 벗기는 모양.	
		—	길 따위를 시원스럽게 홀가분한 기분으로 떠나는 모양.	
		—	가벼운 물건을 느릿느릿 시원스럽게 뿌리는 모양.	
218	흔들흔들	晃晃悠悠	자꾸 이리저리 흔들리거나 흔들리게 하는 모양.	일대다등가
		犹犹豫豫	마음이나 생각 따위가 굳지 못하여 자꾸 이리저리 망설이는 모양.	
219	흠뻑	充分	분량이 차고도 남도록 아주 넉넉하게.	일대다등가
		湿透	물이 쭉 내배도록 몹시 젖은 모양.	
220	흠칫흠칫	身体卷缩瑟瑟发抖	몸을 움츠리며 자꾸 갑작스럽게 놀라는 모양.	영등가
221	흥청망청	兴致勃勃	흥에 겨워 마음대로 즐기는 모양.	일대다등가
		挥金如土	돈이나 물건 따위를 마구 쓰는 모양.	
222	희끗희끗01	花白	군데군데 흰 모양.	일대다등가
		—	어떤 것이 자꾸 빠르게 잠깐잠깐 보이는 모양.	
	희끗희끗02	晕乎乎	현기증이 나서 매우 어지러우며 까무러칠 듯한 모양.	

<부록 1>

순서	의성·의태어	대응된 중국어	의미	번역 양상
223	힐끗	一瞥	거볍게 슬쩍 한 번 흘겨보는 모양.	일대다등가
		—	거볍게 슬쩍 한 번 흘겨보는 모양.	
217	휠휠	翩翩	날짐승 따위가 높이 떠서 느릿느릿 날개를 치며 매우 시원스럽게 나는 모양.	일대다등가
		熊熊	불길이 세차고 매우 시원스럽게 타오르는 모양.	
		呼扇呼扇	큰 부채 따위로 느릿느릿 매우 시원스럽게 부치는 모양.	
		—	옷 따위를 매우 시원스럽게 벗어 버리거나 벗기는 모양.	
		—	길 따위를 시원스럽게 홀가분한 기분으로 떠나는 모양.	
		—	가벼운 물건을 느릿느릿 시원스럽게 뿌리는 모양.	
218	흔들흔들	晃晃悠悠	자꾸 이리저리 흔들리거나 흔들리게 하는 모양.	일대다등가
		犹犹豫豫	마음이나 생각 따위가 굳지 못하여 자꾸 이리저리 망설이는 모양.	
219	흠뻑	充分	분량이 차고도 남도록 아주 넉넉하게.	일대다등가
		湿透	물이 쭉 내배도록 몹시 젖은 모양.	
220	흠칫흠칫	身体卷缩瑟瑟发抖	몸을 움츠리며 자꾸 갑작스럽게 놀라는 모양.	영등가
221	흥청망청	兴致勃勃	흥에 겨워 마음대로 즐기는 모양.	일대다등가
		挥金如土	돈이나 물건 따위를 마구 쓰는 모양.	

순서	의성·의태어	대응된 중국어	의미	번역 양상
222	희끗희끗01	花白	군데군데 흰 모양.	일대다등가
		—	어떤 것이 자꾸 빠르게 잠깐잠깐 보이는 모양.	
	희끗희끗02	晕乎乎	현기증이 나서 매우 어지러우며 까무러칠 듯한 모양.	
223	힐끗	一瞥	거볍게 슬쩍 한 번 흘겨보는 모양.	일대다등가
		—	거볍게 슬쩍 한 번 흘겨보는 모양.	

<부록 2>

<의성·의태어 학습 연어 목록>

번호	의성·의태어	소리	모양	선행어	용언
1	가득01		O	[공간]	차다
2	건들건들		O	{바람}	불다
	건들건들		O	[사람]	걷다, 행동하다
	건들건들		O	[사물]	흔들다
3	고래고래		O	{소리}	지르다
4	곰곰		O	[사람]	생각하다
5	기웃기웃		O	[사람]	들여다보다
6	깜박/깜빡①		O	[사람]	졸다
	깜박/깜빡		O	[사물],[사건]	잊다
8	깜짝02		O	[사람],[동물]	놀라다
9	껑충		O	[동물],{순서}	뛰다
10	꼬깃꼬깃		O	[종이]	구겨지다, 접다
11	꼬르륵	O		{배},{가래}	소리 나다
	꼬르륵	O		{닭}	울다
	꼬르륵	O		[액체]	올라오다
12	꼬박꼬박01		O	[사람]	인사하다
	꼬박꼬박02		O	[사람]	행동하다
13	꼬치꼬치		O	[내용]	(캐)묻다, 따지다
14	꼭꼭01		O	[음식]	씹다
	꼭꼭01		O	[사람]	숨다

①'깜박'과 '깜빡'은 단어 의미도 같고 용언도 같다. 다만 정도만 차이가 있을 뿐이다.

번호	의성·의태어	소리	모양	선행어	용언
15	꼼꼼		O	[사람]	따지다
16	꼼짝		O	[사람]	못하다, 말다
17	꽁꽁01		O	[사물]	얼다
	꽁꽁01		O	[신체]	묶다
18	꽉		O	[공간]	막히다, 차다
	꽉		O	[사물],[신체]	잡다, 누르다
19	꾸벅꾸벅01		O	[사람],[동물]	졸다
	꾸벅꾸벅02		O	[사람]	말을 듣다, 그대로 하다
20	꾸역꾸역		O	[음식]	먹다
	꾸역꾸역		O	[사람],[사물]	몰려들다
21	꾹		O	{눈}	감다
	꾹		O	[감정]	참다
22	꿀꺽	O	O	[음식]	삼키다
23	꿈틀꿈틀		O	[동물]	움직이다
24	느릿느릿		O	[사람]	걷다
25	다닥다닥		O	[자그마한 것]	붙어 있다
26	담뿍		O	[감정]	담다
27	덥석		O	{손목},{손},{팔}	잡다
28	도란도란	O	O	[사람]	이야기를 하다
29	동동02			{발}	구르다
	동동03		O	[작은 물체]	뜨다
30	들락날락		O	[사람],{정신}	하다
31	들썩들썩		O	{어깨},{몸}	하다
32	듬뿍		O	[음식물],[감정]	담다, 받다
33	따끔		O	[신체 부위]	+ 거리다→동사

번호	의성·의태어	소리	모양	선행어	용언
34	딱03		O	{입}	벌어지다
	딱03		O	[사물]	붙어 있다
	딱03		O	[사물]	맞다
35	딸깍딸깍	O		[사물]	소리가 나다
36	땡땡01	O		{종}	울리다
37	또박또박 01		O	[사람]	말하다
	또박또박 02	O	O	[사람]	걷다
38	똑똑01	O	O	[작은 물체],{물방울}	떨어지다
	똑똑01	O		[단단한 물체]	두드리다
	똑똑01	O		[사람]	노크하다
39	똑딱	O		{시계}	소리 나다
40	뚜벅뚜벅	O	O	[사람]	걷다
41	뚝02		O	{기온},{성적}	떨어지다
	뚝02	O	O	{비},{소리}	그치다
42	뚝뚝01		O	[액체]	떨어지다, 흐리다
43	들락날락		O	[사람]	하다
44	들썩들썩		O	[사람],[동물]	움직이다
45	띄엄띄엄		O	[건물],[사람]	보이다
	띄엄띄엄		O	[사람]	말하다
46	말랑말랑		O	[물체]	+하다→형용사
47	멀뚱멀뚱		O	{눈}	뜨다
48	멀뚱멀뚱		O	[사람]	쳐다보다
49	멈칫		O	[사람]	서다
50	모락모락		O	{연기},{김}	피어오르다, 나다
51	무럭무럭		O	{아이},{나무}	자라다
	무럭무럭		O	{김}	나다

번호	의성·의태어	소리	모양	선행어	용언
52	무뚝뚝		O	[사람]	+하다→형용사
53	문득		O	[생각],[느낌]	떠오르다
54	물씬			{냄새}	풍기다
55	바삭바삭	O		[건조하고 부러지기 쉬운 물건]	소리 나다
56	반짝01/반짝반짝01[1]		O	{눈},{보석},{불빛}	빛나다
58	버럭			[소리]	지르다
59	번쩍01		O	{정신}	들다
59	번쩍01		O	{눈},{귀}	뜨이다
60	벌떡		O	[장소]	일어나다
61	벌벌01		O	[추위],[두려움]	떨다
62	벌컥벌컥02		O	[액체]	마시다
63	보글보글	O	O	[적은 양의 액체]	끓다
64	부글부글	O	O	{속},[많은 양의 액체]	끓다
65	부르르		O	{몸},{입술},{손}	떨다
66	불쑥		O	[사람]	나타나다
67	부쩍		O	[상태],[빈도],[양]	늘어나다
68	빙빙		O	[주위],[하늘]	돌다
69	뻘뻘		O	{땀}	흘리다
70	뻥		O	[구멍]	뚫리다
71	사뿐사뿐		O	[사람],[동물]	걷다
72	살랑살랑		O	{바람}	불다
73	살랑살랑		O	{고개}	흔들다

[1] '반짝'과 '반짝반짝'은 의미도 같고, 용언과 결합하는 데도 공통점을 보였다. 단지 '반짝'은 '화제', '세일'과 같은 '일반 명사'와 결합할 수 있는 반면에 '반짝반짝'은 이런 표현은 나타나지 않는다.

번호	의성·의태어	소리	모양	선행어	용언
74	새근새근		O	[사람]	잠자다
75	새록새록		O	{정}	솟아나다
	새록새록		O	{기억}	떠오르다
76	선뜻		O	{사람}	동의하다, 대답하다
77	설렁설렁		O	{바람}	불다
78	섬찟섬찟		O	[사람]	느끼다
79	속속		O	[사물]	등장하다
80	술술		O	{일},{끈}	풀리다
81	슬슬01		O	[사람]	걷다, 피하다
	슬슬01		O	{바람}	불다
82	슬쩍슬쩍		O	[사물]	보다/쳐다보다/훔쳐보다
83	시시콜콜		O	[사람]	따지다
84	시끌벅적		O	[사람]	하다
85	싱숭생숭		O	{마음}	+하다→형용사
86	싹	O	O	[사물]	문지르다
87	쌀쌀		O	{머리}	흔들다
88	썩01		O	{마음}	내키다+ 부정형
89	쏙02		O	{가족},{모습},{성격}	닮다
	쏙02		O	{살}	빠지다
	쏙02		O	{마음}	들다
90	쏠쏠		O	{재미}	하다
91	쑥03		O	[신체]	나오다
	쑥03		O	[신체]	내밀다
	쑥03		O	[물체]	넣다
92	쓱		O	[물체]	닦다
	쓱		O	{손등}	닦아내다

번호	의성·의태어	소리	모양	선행어	용언
93	아기자기		O	[사람]	+하다→형용사
94	아등바등		O	[사람]	살다
95	어마어마		O	[사물]	+하다→형용사
96	어정쩡		O	[사람]	행동하다
97	언뜻		O	[사물]	보다
98	엉금엉금		O	[사람],[동물]	기다
99	엉엉		O	[사람]	울다
100	오락가락		O	{정신}	하다
101	오락가락		O	{비}	내리다
102	오톨도톨		O	[물체]	+하다→형용사
103	올망졸망		O	[작고 뚜렷한 것]	모이다
104	옹기종기		O	[사람],[물체]	모이다
105	와들와들		O	{온몸}	떨리다
106	와락		O	[사람]	달려들다
107	우뚝		O	{산},[큰 건물]	서다, 솟다
108	우르르		O	[사람],[동물]	몰려오다, 몰려들다
109	우물쭈물		O	[사람]	말하다
110	우왕좌왕		O	[사람]	갈피를 못 잡다
111	움찔움찔01		O	{표정}	조정하다
	움찔움찔01		O	[사람]	움츠리다
112	으쓱		O	{어깨}	치켜올리다
113	조곤조곤		O	[사람]	말하다
114	졸졸		O	{물}	흐르다
	졸졸		O	[사람],[동물]	따르다
115	주렁주렁		O	[열매]	열리다

<부록 2>

번호	의성·의태어	소리	모양	선행어	용언
116	주룩주룩		O	{비}	내리다
117	주섬주섬		O	[물체]	챙기다
117	주섬주섬		O	[옷]	입다
118	줄줄		O	[액체]	흐르다
119	지그시		O	{눈}	감다
119	지그시		O	[신체]	누르다
120	지싯지싯		O	[사람]	붙다
121	질겅질겅		O	[음식]	씹다
122	질끈		O	{눈}	감다
122	질끈		O	[물체]	동여매다
123	질질01		O	[시간],{일},[물체]	끌다
123	질질02		O	{침},{땀},{콧물},{눈물}	흘리다
124	쫙04	O	O	[물체]	갈라지다
125	쩍03		O	{입}	벌리다
126	쨍쨍		O	{햇빛}	내리쬐다
127	쩍		O	{입}	벌리다
127	쩍		O	{입맛}	다시다
128	쭈글쭈글		O	{물체},{피부}	+하다→형용사
129	쭈뼛쭈뼛		O	[부끄러운 모양]	보이다
130	쭉		O	[방향]	가다
130	쭉		O	[신체]	펴다
131	찌뿌드드		O	{기분}	언짢다
132	찡		O	{가슴}	하다
133	차곡차곡		O	[물체]	쌓이다

번호	의성·의태어	소리	모양	선행어	용언
134	차근차근		O	[내용]	생각하다, 얘기하다
135	차차		O	[사물]	사라지다
136	척척03		O	[호흡]	맞다
137	촉촉		O	[작은 물체]	내리다
138	출렁	O		[소리]	나다
139	칙칙폭폭	O		{기차 소리}	나다
140	콩닥콩닥		O	{가슴}	뛰다
141	쿨쿨02	O	O	[사람]	자다
142	쿵쿵			{가슴}	뛰다
143	탁01		O	{가슴},{시야}	트이다
144	터덜터덜	O	O	[사람]	걷다
145	터벅터벅		O	{길}	걷다
146	털썩		O	[장소]	주저앉다
147	텅		O	[장소],{속},{마음}	비다
148	툭01	O	O	[신체]	치다
149	퉁퉁01		O	[신체]	붓다
150	티격태격		O	[사람]	싸우다, 다투다
151	팔짝팔짝		O	[사람],[동물]	뛰다
152	퍼뜩		O	[생각]	떠오르다
153	펄펄01		O	[사람],[동물]	뛰다, 날다
153	펄펄01		O	{물},{기름}	끓다
154	펑펑03		O	[사람]	울다
154	펑펑03		O	[재산],{돈}	쓰다
155	풍풍		O	{구멍}	뚫다

<부록 2>
중국인 학습자를 위한 한국어 교육용 의성·의태어 연구

번호	의성·의태어	소리	모양	선행어	용언
156	푹01		O	[사람],[일],[좋아하는 것]	빠지다
	푹01		O	{고개}	숙이다
	푹01		O	[사람]	쉬다
	푹01		O	[사람]	자다
157	푹푹01		O	{발}	빠지다
	푹푹01		O	[날씨],[음식]	찌다
158	핑01		O	{눈물},{머리}	돌다
159	할금할금		O	{눈치}	보다
160	허겁지겁		O	[사람]	달려오다
161	허둥지둥		O	[사람]	달아나다
162	헉헉		O	{숨}	몰아쉬다
163	확02		O	{마음}	풀리다
164	활짝		O	{문},{마음}	열다
	활짝		O	[사람]	웃다
	활짝		O	{꽃}	피다
165	활활		O	불	타다
166	홱		O	{고개}	돌리다
167	획		O	{고개}	돌아서다
168	후루룩		O	{액체},{국수}	마시다, 먹다
169	훌쩍		O	[사람]	떠나다
	훌쩍		O	[사람]	잘라다
	훌쩍		O	[동물]	넘다, 뛰어넘다(뛰어넘다)
170	훨훨		O	{새},{나비}	날아가다
	훨훨		O	{불}	타다
171	흔들흔들		O	[신체]	+ 하다→동사

번호	의성·의태어	소리	모양	선행어	용언
172	흠뻑		O	[액체]	젖다
173	흠칫흠칫		O	[사람]	떨다
174	흥청망청		O	{돈}	쓰다
175	희끗희끗		O	{머리카락},{수염}	세다
176	힐끗		O	[사람],[사물]	보다
173	흠칫흠칫		O	[사람]	떨다
174	흥청망청		O	{돈}	쓰다
175	희끗희끗		O	{머리카락},{수염}	세다
176	힐끗		O	[사람],[사물]	보다
173	흠칫흠칫		O	[사람]	떨다
174	흥청망청		O	{돈}	쓰다
175	희끗희끗		O	{머리카락},{수염}	세다
176	힐끗		O	[사람],[사물]	보다
173	흠칫흠칫		O	[사람]	떨다
174	흥청망청		O	{돈}	쓰다
175	희끗희끗		O	{머리카락},{수염}	세다
176	힐끗		O	[사람],[사물]	보다
173	흠칫흠칫		O	[사람]	떨다
174	흥청망청		O	{돈}	쓰다
175	희끗희끗		O	{머리카락},{수염}	세다
176	힐끗		O	[사람],[사물]	보다

<부록 3> 요구조사-학습자용 설문지

학습자용 설문지			
소속 학교		학년	

1. 의성·의태어에 대한 학습은 필요하다고 생각합니까?

　　☐ 있다　　　　　　　☐ 없다

2. 이전에 의성·의태어에 대한 수업을 받은 경험이 있습니까?

　　☐ 있다　　　　　　　☐ 없다

3. 배우고 있거나 배웠던 한국어 교재에서 의성·의태어를 다루는 부분에 대하여 만족합니까?

　　☐ 전혀 만족하지 않다　　☐ 별로 만족하지 않다　　☐ 보통이다
　　☐ 조금 만족하다　　　　☐ 매우 만족하다

4. 배우고 있거나 배웠던 한국어 교재에서 의성·의태어를 다루는 부분에 대한 문제점이 무엇이라고 생각합니까?

5. 가장 효과적인 학습 방법이 무엇이라고 생각합니까?

　　☐ 시청각　　☐ 게임　　☐ 발표　　☐ 토론　　☐ 강의(쓰기 위주)

6. 의성·의태어에 대한 가장 어려워하는 것과 배우고 싶은 것은 무엇입니까?

<부록 4> 요구조사-교사용 설문지

교사용 설문지
소속 학교
1. 한국어를 교수한 지 얼마나 되셨습니까? 　　☐ 1~2년　　　☐ 2~3년　　　☐ 3~4년　　　☐ 5년 이상
2. 의성·의태어를 교육할 필요가 있다고 생각하십니까? _____.
3. 이전에 의성·의태어를 활용한 수업 해본 경험이 있습니까? 의성·의태어를 교육할 때 가장 어려워하는 점이 무엇입니까? _____.
4. 현재 출간된 한국어 교재들은 어떤 부분이 부족하다고 생각하십니까? 또한 어떤 부분이 보강되어야 한다고 생각하십니까? _____.
5. 의성·의태어 교재가 있다면 선택하여 수업을 활용하시겠습니까? _____.
6. 의성·의태어를 효과적인 교육 방식이 무엇이라고 생각하십니까? _____.
7. 한국어 의성·의태어 교재가 개발되겠다면 집필자에게 하고 싶은 말을 자유롭게 적어 주십시오. _____.

<부록 5> <시험 채점 방법>

어휘 평가 시험은 총 20문항으로 구성하였고, 각 문항당 5점씩을 부여하여 총 100점을 만점으로 하였다. 연어의 부적절성은 제대로 판단하였으되 빈칸에 적절한 한국어 단어를 표기하지 못하였을 경우, 2.5점의 부분 점수를 부여하였다. 쓰기 평가 시험의 채점은 분석적 채점(analytic scoring) 방법 중 The ESL Composition Profile을 변형하여 사용하였다(고승희, 2010). The ESL Composition Profile에는 (1) 내용(content: 30점), (2) 조직성(organization: 20점), (3) 어휘 (vocabulary: 20점), (4) 언어 사용(language use또는 문법성: 25점), (5) 철자와 맞춤법과 같은 기계적인 면(mechanics: 5점) 의 총 5가지 채점 기준이 포함된 다. 하지만, 실험 수업에 쓰기 활동 시 기술(Mechanics) 부분에 대해서 전혀 다루지 않았고 연어 지도와 관련이 없기 때문에 채점 시 기술 부분에 제외하 였다. 따라서 The ESL Composition Profile의 채점 기준 중 (1) 내용은 채점 기준에 포함하지 않고, 나머지 채점기준인 (3) 어휘, (4) 언어 사용, (5) 철자와맞춤법만으로 채점을 진행하였다.

쓰기 능력 평가 채점 기준

항목	채점 기준	점수
어휘	어휘 및 연어의 표현을 모두 바르게 사용한 경우	5
	어휘 및 연어의 표현이 다소 어색한 경우	3
	1~2개 어휘만 적거나, 연어의 표현이 틀린 경우	1
	아무것도 쓰지 않았을 경우	0
언어 사용 및 철자와 맞춤법	문법 및 철자를 모두 바르게 사용한 경우	5
	비교적 문법적 오류가 적고(과거형을 잘 못 사용한 경우 등), 철자 오류를 범한 경우	3
	비교적 문법적 오류가 크고(문장의 어순이 바르지 않는 등), 철자 오류를 범한 경우	1
	아무것도 쓰지 않았을 경우	0

<부록 6> <어휘 능력 평가지>

다음 각 문장 속에서 밑줄 친 단어 결합이 적절한지, 부적절한지를 판단하여 해당되는 빈칸에 √하세요. 만약 부적절한다면 (   ) 에 적절한 단어를 쓰세요.

이름: _____

| 보기: 순두부찌개가 보글보글 끓다. □ 적절 □ 부적절 (   ) |

1. 너는 기웃기웃 뭘 들여다보고 있느냐?
   □ 적절   □ 부적절   (   )
2. 그는 그늘에 앉아 꾸벅꾸벅 자고 있다.
   □ 적절   □ 부적절   (   )
3. 어른의 말을 꼬박꼬박 잘 듣는다.
   □ 적절   □ 부적절   (   )
4. 모두들 도란도란 떠들고 있다.
   □ 적절   □ 부적절   (   )
5. 명희는 우동을 벌컥벌컥 먹고 있다.
   □ 적절   □ 부적절   (   )
6. 소가 느릿느릿 걷는다.
   □ 적절   □ 부적절   (   )
7. 일본 사람들이 꼬박꼬박 인사하는 모습이 인상적이다.
   □ 적절   □ 부적절   (   )
8. 시민들이 광장으로 꾸역꾸역 몰려들었다.
   □ 적절   □ 부적절   (   )
9. 철수야, 꼭꼭 먹어야 소화가 잘되는 거야.
   □ 적절   □ 부적절   (   )

10. 이렇게 건들건들 돌아다니지 말고 , 좀 얌전히 일을 좀 해라.
    □ 적절   □ 부적절   (   )
11. 시선을 꼭꼭 피하다.
    □ 적절   □ 부적절   (   )
12. 겨울이 되니 센 바람이 건들건들 불기 시작했다.
    □ 적절   □ 부적절   (   )
13. 아이가 새근새근 잠자고 있다.
    □ 적절   □ 부적절   (   )
14. 꼬박꼬박 제 날짜에 세금을 내다.
    □ 적절   □ 부적절   (   )
15. 할아버지가 아장아장 걷다.
    □ 적절   □ 부적절   (   )
16. 봄비가 보슬보슬 내린다.
    □ 적절   □ 부적절   (   )
17. 빨간 장미꽃이 활짝 피었습니다.
    □ 적절   □ 부적절   (   )
18. 하늘에 구름이 동동 떠있습니다.
    □ 적절   □ 부적절   (   )
19. 아이 나무가 무럭무럭 자랍니다.
    □ 적절   □ 부적절   (   )
20. 동글동글 귀여운 논 사람.
    □ 적절   □ 부적절   (   )

<부록 7> <쓰기 능력 평가지>

다음 그림을 보고, 등장인물들의 행동을 묘사하는 글을 써봅시다.

<부록 8> <통제반 수업 절차 및 활동>

통제반 교육에 있어서 전통적으로 내려온 구조주의적 관점에서의 대표적인 언어 교육 모형인 PPP모형을 사용한다. 이 모형의 제시 단계에서는 학습자들이 새로운 어휘에 대해 이해할 수 있도록 설명하며, 연습 단계에서는 학습자들이 이해한 내용을 바탕으로 목표 어휘를 내재화할 수 있도록 반복 훈련을 시킨다. 그리고 사용 단계는 앞의 두 단계를 통해 익힌 어휘를 의사소통을 목적으로 사용해 보도록 한다. 구체적인 수업 활동은 다음과 같다.

수업 단계	수업 활동
제시 단계	1. <교사> 교과서에서 추출한 개별 단어 목록을 학습지로 제시한다. 꾸벅꾸벅/ 건들건들/ 벌컥벌컥/ 꼬박꼬박/ 꾸역꾸역/ 꼭꼭/ 느릿느릿/ 도란도란/ 기웃기웃/ 새근새근 2. <교사> 개별적으로 의성·의태어의 의미 및 철자를 설명한 다음 예문을 제시한다. 1) 꾸벅꾸벅: 머리나 몸을 앞으로 자꾸 많이 숙였다가 드는 모양. 예문: 나른한 오후에 식곤증이 몰려와 꾸벅꾸벅 졸았다. 2) 건들건들: 바람이 부드럽게 살랑거리며 부는 모양. 예문: 가을이 되니 시원한 바람이 건들건들 불기 시작했다. 3) 벌컥벌컥: 음료나 술 따위를 거침없이 자꾸 들이켜는 소리. 또는 그 모양. 예문: 그날 갈증이 나는지 물을 벌컥벌컥 들이마셨다. 4) 꼬박꼬박: 조금도 어김없이 고대로 계속하는 모양. 예문: 내 친구는 일주일에 한 번씩 꼬박꼬박 아버지께 편지를 쓴다. 5) 꾸역꾸역: 음식 따위를 한꺼번에 입에 많이 넣고 잇따라 씹는 모양. 예문: 배가 고팠던 것은 아니었으며 먹고 싶은 생각도 없었던 우동을 명희는 꾸역꾸역 먹는다.

수업 단계	수업 활동
	6) 꼭꼭: 잇따라 또는 매우 야무지게 힘을 주어 누르거나 죄는 모양. 　예문: 음식을 꼭꼭 씹어 먹다. 7) 느릿느릿: 동작이 재지 못하고 매우 느린 모양. 　예문: 몇 번을 물으니까 그는 그제야 느릿느릿 대답했다. 8) 도란도란: 여럿이 나직한 목소리로 서로 정답게 이야기하는 소리. 또는 그 모양. 　예문: 단칸방에서 살 망정 식구끼리 도란도란 재미있게 이야기를 나누며 사는 집이 나는 부럽다. 9) 기웃기웃: 무엇을 보려고 고개나 몸 따위를 이쪽저쪽으로 조금씩 자꾸 기울이는 모양. 　예문: 대문 앞에서 똑똑히 누구를 찾지도 못하고 대문간을 기웃 기웃 들여다보면서 기침을 몇 번 하였다. 10) 새근새근: 어린아이가 곤히 잠들어 조용하게 자꾸 숨 쉬는 소리. 　예문: 아이가 새근새근 잠이 들다. 3. <교사> 학습한 어휘를 소리 내어 읽어 보도록 한다.
연습 단계	<교사> 의성·의태어를 활용한 쓰기 활동은 문장의 빈칸을 채우도록 하는 활동을 하도록 한다. 1. 빈 칸에 알맞은 의성·의태어를 채워보세요. 1) 두 여자애가 작은 소리로 (　　) 정답게 이야기한다. 2) (　　) 자고 있는 아이에게 가볍게 입 맞추었다. 3) 그는 물 한 대접을 들어 (　　) 마셨다. 4) 거기서 (　　) 뭘 들여보고 있느냐? 5) 수업이 지루한지 학생들이 (　　) 졸았다. 2. <교사>다음 동사와 관련된 의성·의태어를 말해 보세요. 1) 마시다 2) 먹다 3) 걷다 4) 들여다보다 5) 인사하다 3. <교사> 오늘 배운 의성·의태어를 이용하여 짧은 문장을 만들어 보도록 한다.

<부록 8> <통계반 수업 절차 및 활동>

수업 단계	수업 활동
사용 단계	다음 그림을 보고, 배운 표현을 이용해서 등장인물들의 행동을 묘사 하는 글을 써봅시다.

<부록 9> <실험 수업 설문지>

다음 설문지는 외국어로서의 한국어 교육 연구를 위한 것입니다. 이 자료는 한국어를 배우는 외국인 학습자에게 더 나은 교육을 제공하기 위한 연구 목적으로만 사용됩니다. 성실한 답변을 부탁합니다. 감사합니다.

1. 의성·의태어의 특징을 우선 도입하여 의성·의태어 파악에 도움이 된다.
   ☐ 매우 그렇다   ☐ 그렇다   ☐ 보통이다

2. 비슷한 의성·의태어를 구분할 수 있게 되었고 한국말이 더 유창해 진 것 같다.
   ☐ 매우 그렇다   ☐ 그렇다   ☐ 보통이다

3. 의식적인 의성·의태어 학습을 통해 어휘력을 높이려 한다.
   ☐ 매우 그렇다   ☐ 그렇다   ☐ 보통이다

4. 의성·의태어의 연어 관계를 이용한 한국어 쓰기에 좋은 점이 무엇인가요?
   _____

5. 연어를 활용한 의성·의태어 학습을 하면서 가장 좋았던 점은 무엇인가요?
   _____

6. 앞으로 의성·의태어 수업에서 어떤 것을 더 배우고 싶습니까?
   _____

<부록 10> <난이도 조사>

1. 다음 의성·의태어를 학습할 땐 난이도를 선택하세요. 请选择学习下列语法时感受到的难易度。

의성·의태어	어렵다	어려운 편이다	보통이다	쉬운 편이다	쉽다
딩동-( )					
하하-( )					
엉엉-( )					
슛-( )					
개굴개굴-( )					
깡충깡충-( )					
두근두근-( )					
글썽글썽-( )					
칙칙폭폭-( )					
티격태격-( )					
할금할금-( )					
한창-( )					
꼬치꼬치-( )					
또박또박-( )					
살랑살랑-( )					
오락가락-( )					

2. 의성·의태어를 사용하여 다음 문장을 한국어로 번역하십시오. 请运用拟声拟态词翻译下列句子。

<2-1>

（1）夏天的夜晚，总能听到阵阵的蛙鸣声。

（2）每次提到过逝的奶奶，她总是泪眼汪汪的。

（3）他打开商店门时铃声叮咚响起。

（4）兔子蹦蹦跳跳地跑了。

（5）正是樱花盛开的时候。

（6）问那么详细做什么呢？

（7）心怦怦地跳个不停。

（8）圆圆的发音就像播音员一样清清楚楚。

（9）小狗偷偷地观察我的眼色。

（10）树叶在微风的吹拂下摇曳着。

（11）他不能安安静静地呆在那里，不停地徘徊。

（12）孩子们为争夺电视遥控器吵得不可开交。

（13）孩子们学着火车的鸣笛声做火车游戏。

（14）一片哈哈大笑声。

（15）女孩抓着男朋友的手呜呜地哭。

（16）嘘！说话小声点。

<2-2>

（1）知道为什么一下雨青蛙就呱呱的叫吗？

（2）这孩子生性活泼，成天蹦蹦跳跳的。

（3）叮咚！有人来了。

（4）每次一看见他心就怦怦跳。

（5）他眼泪汪汪说不出话来。

（6）我们应该以国家利益为先，不要斤斤计较个人得失。

（7）工工整整的字迹。

（8）轻轻地挥动双手。

（9）一天到晚雨下下停停，停停下下。

（10）楼上的两夫妇昨晚吵架吵得很凶。

（11）他们抱在一起呜呜地哭。

（12）大家都哈哈大笑起来。

（13）火车轰轰隆隆地开过来了。

（14）嘘！孩子在睡觉，小点声说话。

（15）寄人篱下，只能小心地看别人的眼色过日子。

（16）正值豆蔻年华。